AF538055

Magdalena und Herbert Wurth

Pilze
selbst anbauen

6. Auflage 2026

© 2015 by Löwenzahn in der Studienverlag Ges.m.b.H., Erlerstraße 10, A-6020 Innsbruck
E-Mail: loewenzahn@studienverlag.at
Internet: www.loewenzahn.at

Umschlag- und Buchgestaltung sowie grafische Umsetzung: Judith Eberharter, Eine Augenweide, www.eine-augenweide.com

Fotos: Magdalena Wurth, wenn nicht anders angemerkt
Umschlagfotos: Magdalena Wurth, außer Umschlagvorderseite (oben Mitte): Benedikt Wurth
Zeichnungen: Anna Folie

Gedruckt auf umweltfreundlichem, chlor- und säurefrei gebleichtem Papier.

Bibliografische Information Der Deutschen Bibliothek
Die Deutsche Bibliothek verzeichnet diese Publikation in der Deutschen Nationalbibliografie; detaillierte bibliografische Daten sind im Internet über <http://dnb.dnb.de> abrufbar.

ISBN 978-3-7066-2557-9

Alle Rechte vorbehalten. Kein Teil des Werkes darf in irgendeiner Form (Druck, Fotokopie, Mikrofilm oder in einem anderen Verfahren) ohne schriftliche Genehmigung des Verlages reproduziert oder unter Verwendung elektronischer Systeme verarbeitet, vervielfältigt oder verbreitet werden.

Der Verlag behält sich das Text- und Data-Mining nach § 42h UrhG vor, was hiermit Dritten ohne Zustimmung des Verlages untersagt ist.

Magdalena und Herbert Wurth

Pilze selbst anbauen

Das Praxisbuch für Biogarten, Balkon, Küche, Keller

Löwenzahn

Inhalt

Faszination Speisepilze

Für mich sind Pilze mit einer kindlichen Faszination verbunden. Jeder Pilz hat ein einzigartiges Aussehen, eine spezifische Lebensweise und einen unverkennbaren Geschmack. Trete ich in die Welt der Pilze ein – sei es im Wald oder im eigenen Garten –, empfinde ich tiefe Freude. Ich denke, am einfachsten ist die Faszination für diese kleinen Gestalten zu verstehen, wenn man selbst eines Morgens eine Gartenrunde dreht, um zu sehen, wie alles gedeiht, und bei genauerer Betrachtung plötzlich kleine Pilzansätze, die erst wenige Stunden alt sind, entdeckt. Meist kann man ihr Erscheinen kaum erwarten, und so steigt auch die Freude, wenn sich die Arbeit und das Warten auf ein schmackhaftes Essen gelohnt haben.

In unserer Familie besitzen Pilze (seit ich denken kann) einen großen Stellenwert und sind ein ebenso wichtiger Bestandteil wie der eigene, liebevoll gepflegte Gemüsegarten. Beide tragen zur bunten Vielfalt unseres Essens bei.

Es gibt nichts Schöneres, als alle Hände voll zu tun zu haben – mit dem Ernten von Gemüse, dem Trocknen von Kräutern oder dem Konservieren von eigenen Pilzen. Die Küche ist ständig belagert und neben dem Garten ist sie der Hauptarbeitsplatz der ganzen Familie.

Wenn es auch mit vielen Arbeitsschritten und einer gewissen Achtsamkeit verbunden ist, schätze ich dennoch, wie kostbar eigene Lebensmittel sind und welchen Wert der Geschmack von Sommer, eingefangen in duftenden getrockneten Pilzen, in der kalten Jahreszeit hat.

Eine weitere für mich wichtige Komponente ist das Züchten von Pilzen. Sie im eigenen Labor zu vermehren erfordert Fingerspitzgefühl, Geduld und Fachwissen über die Lebensweise der einzelnen Pilzarten. Viele Stunden hab ich mit meinem Vater im Labor verbracht, ihm beim mikrobiologischen Arbeiten und bei der Vermehrung von Pilzen zugesehen. Nach einiger Zeit des Beobachtens und des Nachahmens wurde mir bewusst, dass ich auch diesen Teil der Faszination, die von Pilzen ausgeht, weiter erforschen möchte. Dank der langjährigen Erfahrung meines Vaters und durch meine Motivation, mich noch intensiver mit Pilzen zu beschäftigen, sowie durch die Unterstützung des Löwenzahn Verlags ist dieses praxisorientierte Handbuch entstanden. Wir freuen uns, das Wissen und unsere Erfahrung mit interessierten, aufmerksamen Menschen zu teilen.

Magdalena Wurth

Entstehung des Waldviertler Pilzgartens

Herbert und Magdalena Wurth

Schon als Kinder waren wir viel im Wald, Pilze suchen hatte schon damals Familientradition. Später, zu Beginn meines Berufslebens als Chemiker, arbeitete ich gemeinsam mit MitarbeiterInnen der TU Wien an einem spannenden Projekt. Es ging um Zellulose abbauende Pilze zur Verwertung von landwirtschaftlichen Nebenprodukten. Da die Arbeitsmethodik ähnlich war, schien die hobbymäßige Beschäftigung mit der Zucht von Pilzen nicht mehr schwer. In diesen ersten Jahren gab es am Markt nur eingeschränkten Zugang zu Pilzbrut und aus dieser Not wurde eine Tugend. Im Laufe der Jahre sammelten wir nun viele Erfahrungen beim mikrobiologischen Arbeiten, der Herstellung von eigener Pilzbrut und der Kultivierung von Speisepilzen auf den unterschiedlichsten Substraten. 1984 hatten wir bereits 100 Strohballen mit Kulturträuschling (Braunkappe) beimpft. Heute beschäftigen wir uns hauptsächlich mit der Kultivierung und der Zucht von Speisepilzen auf Holzstämmen. Der Shiitake wird bei uns nach einer traditionell japanischen Methode angebaut.

Vor 25 Jahren hatten wir dann – aufgrund eines Wohnortwechsels – die Möglichkeit, einen neuen Pilzgarten anzulegen und Erfahrungen bei der gestalterischen Umsetzung zu erlangen. Durch die Zusammenarbeit mit dem Verein Arche Noah merkten wir, dass viele GartenbesitzerInnen Interesse an der naturnahen Anbaumethode von Speisepilzen hatten. Besonders interessant sind für mich persönlich aber auch die schwieriger zu züchtenden Kulturpilze wie z.B. der Reishi. Die Beschäftigung mit Pilzen erlaubt mir tiefe Einblicke in die Geheimnisse dieser faszinierenden Lebewesen.

Der Waldviertler Pilzgarten wird als Familienbetrieb geführt. Wir freuen uns schon auf die Weiterentwicklung und Umsetzung neuer Ideen.

Mit diesem Buch laden wir Sie ein, Pilze im eigenen Garten, im Keller, auf dem Balkon, im Hof oder sogar in der Küche selbst zu kultivieren.

Herbert Wurth

Bunte Vielfalt der Speisepilze

Einführung: die Welt der Pilze

Was sind Pilze?

Pilze enthalten in ihren Zellen kein Chlorophyll. Sie beziehen ihre Energie nicht – im Vergleich zu den meisten Pflanzen – aus der Photosynthese. Um an Nährstoffe zu gelangen, haben sie eine faszinierend große Anzahl an Möglichkeiten entwickelt, die jeweils für einzelne Pilzarten ganz charakteristisch ist:

Viele Arten leben saprophytisch, das heißt, sie ernähren sich von abgestorbenem organischen Material. Da sie Holzinhaltsstoffe wie z.B. Zellulose abbauen können, spielen diese Arten im Wald eine große Rolle als Zersetzer – sie wandeln Totholz und andere abgestorbene Pflanzen wieder in einfache organische Verbindungen um. Es entsteht Humus. Bei der Kultivierung von Speisepilzen wird deshalb, z.B. Holz, Stroh oder Kompost, als Nährmedium verwendet.

Saprophyten kann man in 2 Gruppen einteilen – in Primär- und Sekundärzersetzer:

- Bei ersteren handelt es sich um Pilze, die ihr Nährmedium im unveränderten „rohen" Zustand abbauen können. Zu dieser Gruppe gehören z.B. Austernseitlinge und Stockschwämmchen.
- Im Unterschied dazu stehen die Sekundärzersetzer, deren Nahrungsgrundlage zuerst durch andere Mikroorganismen aufgeschlossen werden muss, um dann Arten wie dem Champignon oder dem Schopftintling als Nahrung zu dienen.

Eine weitere Gruppe lebt parasitisch. Diese Arten können vor allem in der Land- und Forstwirtschaft zum Problem werden, z.B. der häufig an Laub- und Nadelhölzern vorkommenden Waldpilz Hallimasch (*Armillaria* ssp.). Parasitische Pilze befallen auch lebende (häufig bereits geschwächte) Organismen und entziehen ihnen Energie und Nährstoffe.

Die dritte Gruppe sind Mykorrhiza-Pilze, dazu zählen beispielsweise Burgundertrüffel (*Tuber aesti-*

vum var. *uncinatum*), Steinpilz oder Eierschwammerl. Mykorrhiza setzt sich aus den griechischen Worten „mykes" (Pilz) und „rhiza" (Wurzel) zusammen. Hierbei werden allgemein wiederum 3 Arten unterschieden:

- Die ektotrophen Mykorrhiza-Pilze verbinden sich äußerlich mit den Wurzeln bestimmter höherer Pflanzen.
- Endotroph lebende Pilze sind weit verbreitet, sie besitzen die Fähigkeit, ihre Pilzhyphen in die Wurzeln und Rindenzellen zu integrieren.
- Die Brücke zwischen den beiden beschriebenen Gruppen bilden die ektendothrophen Mykorrhiza. Sie leben ebenfalls in Symbiose mit Pflanzen.

Pflanzen und Pilz profitieren von dieser Partnerschaft. Das feine, scheinbar unsichtbare Geflecht aus Pilzhyphen umhüllt die Wurzeln der Pflanzen und schließt für diese Nährstoffe aus dem Boden auf – man könnte auch sagen, die Pilze „füttern" die Pflanzen. Im Gegenzug versorgen die Pflanzen die Pilze mit Kohlenhydraten (Zucker). Das Wurzelwerk des Baumes vergrößert sich, was wiederum für eine verbesserte Nährstoff- und Wasseraufnahmefähigkeit sorgt. Diese Partnerschaften zwischen Pilzen und Pflanzen sind komplex und vielfach noch unerforscht. Das ist auch der Grund, warum es in den meisten Fällen nicht gelingt, Waldpilze wie Steinpilze oder Eierschwammerl zu kultivieren. Bei Versuchen mit Mykorrhiza-Pilzen wurde oftmals festgestellt, dass eine Zucht ohne Symbiosepartner nicht durchführbar ist. Eines der wenigen Beispiele der erfolgreichen Kultivierung von Mykorrhiza-Pilzen sind die Trüffel. Die Zucht von Orchideen setzt übrigens ebenfalls diese Symbiose voraus.

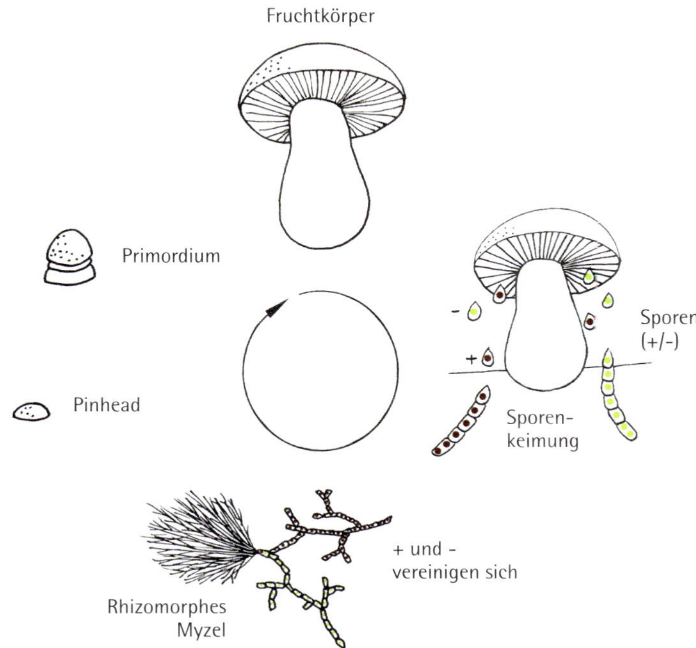

Aufbau und Lebenszyklus

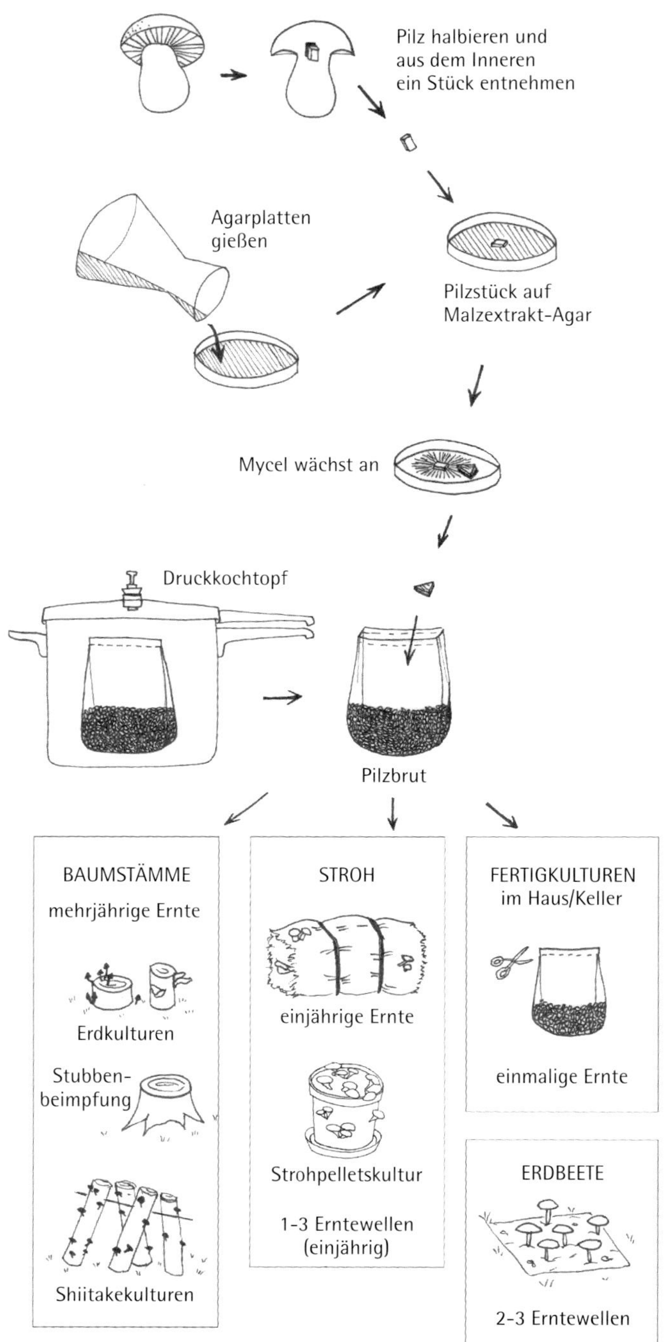

Pilzzucht im Überblick

Waldviertler Pilzgarten

Gestalt und Lebenszyklus eines Pilzes

Wenn man an Pilze denkt, wird damit meist nur der oberirdische Teil (der Fruchtkörper) des Organismus assoziiert. Näher betrachtet bestehen Pilze (*Basidiomyceten*) nicht nur aus Hut, Lamellen und Stiel, sondern auch aus unterirdisch wachsendem Myzel. Dieses setzt sich nochmals aus Pilzhyphen zusammen, die vergleichbar mit den Feinwurzeln von Bäumen sind. Ein wichtiges Unterscheidungsmerkmal stellt ebenfalls die äußere Erscheinungsform dar.

Als Sporenträger von Speise- und Heilpilzen fungieren Lamellen, Röhren oder Poren. In diesen Organen werden die Sporen (vergleichbar mit Samen einer Pflanze) gebildet. Im Entwicklungszyklus eines jeden Pilzes reifen diese mikroskopisch kleinen Sporen heran und werden schließlich auf die eine oder andere Art (durch die Einflüsse von Wind, Wasser oder Tieren) an die Umgebung abgegeben. Positiv (+) und negativ (-) gepolte Sporen keimen unter günstigen Umweltbedingungen. D.h., wenn nun solche Sporen auf einem geeigneten Nährboden zusammentreffen, keimen sie. Sie vermehren sich und es entsteht rhizomorphes Myzel. Verfolgt man die weiteren Entwicklungsstufen, entstehen aus dem dichten Myzelgeflecht zunächst „Pinheads", dann „Primordium" und schließlich der vollendete Fruchtkörper. Damit ist der Lebenszyklus abgeschlossen und kann wieder von Neuem beginnen.

Pilzzucht im Überblick

Startet man eine Pilzzucht, gibt es 2 Vermehrungsformen, die in der Praxis angewendet werden. Einerseits ist es möglich, mithilfe eines Sporenabdrucks zu arbeiten. Dazu lässt man Sporen auf einem keimfreien Nährmedium im Labor keimen. Bei der zweiten Methode wird ein Gewebestück aus dem Inneren des Kulturpilzes entnommen und ebenfalls auf ein geeignetes steriles Nährmedium übertragen. Das Myzel wächst und kann nach einiger Zeit weitertransferiert werden. Das erste Nährmedium besteht meist aus Nähragar, auf ihm kann sich das Myzel optimal ausbreiten. Im weiteren Verlauf überträgt man ein Stück durchwachsenen Agar auf gekochtes sterilisiertes Getreide. Der Pilz besiedelt das Substrat und kann in weiterer Folge zur Beimpfung von Holz, Stroh oder Kompost verwendet werden.

Unser Tipp: Die Pilzzucht ist ein äußerst spannendes und weitläufiges Thema. Je tiefer man in die Welt der Pilze eintaucht, desto einfacher ist es, sie zu verstehen und erfolgreich zu kultivieren. Im Kapitel „Pilze züchten" (→ S. 96) erhalten Sie praktische Tipps und nähere Informationen über die Zuchtmethodik.

Bedeutung von Pilzen für Natur und Mensch

Pilze sind allgegenwärtige Begleiter in der Natur und auch im Alltag des Menschen. Die Sporen beispielsweise bewegen sich unsichtbar in der Atmosphäre. In bodennahen Schichten sind sie treue Begleiter eines jeden Waldbodens. Wenn man bedenkt, welche Rolle Pilze gesundheitlich und wirtschaftlich einnehmen, wird greifbar, wie wichtig sie sind. In der Back- und Molkereiindustrie werden veredelte Stämme von Hefen und anderen Gattungen wie z.B. *Penicillium* (Käseherstellung) verwendet. Eine revolutionäre Entdeckung war das Penicillin, welches ein Stoffwechselprodukt des Schimmelpilzes *Penicillium chrysogenum* ist. Dieser bekämpft bakterielle Infektionen bei Mensch und Tier. Heilpilze finden auch in der traditionellen chinesischen Medizin Anwendung. Andererseits können Pilze auch zu Feinden für Mensch, Tier und Pflanze werden. So sind sie fähig, lebende Organismen zu befallen. Die Folgen sind oft verheerend.

Ein großer Bereich im Pflanzenschutz widmet sich der Bekämpfung von parasitischen Pilzen. Bedeutende Krankheiten sind etwa die Kraut- und Knollenfäule der Kartoffel *(Phytophthora infestans)*, der Weizensteinbrand *(Tilletia caries)* oder Grauschimmel *(Botrytis cinerea)* an der Weinrebe.

Faszinierend und oft unscheinbar ist die allgegenwärtige Beteiligung an allen Zersetzungsprozessen von organischen Materialien. Pilze und Bakterien tragen zum Erhalt des natürlichen Gleichgewichts bei, indem sie als sogenannte Reduzenten organische Verbindungen wieder in pflanzenverfügbare Stoffe umwandeln und zur Bodenbildung beitragen. Mykorrhiza-Pilze gewährleisten vielen Pflanzen eine optimale Entwicklung in der sich verändernden Umwelt. Natürlich darf man auch nicht die schmackhaften Pilze, die in Wäldern und auf Wiesen zu finden sind, übersehen. Das Suchen und Finden von Pilzen hat für viele Menschen eine ganz besondere Faszination. Möchte man als Pilzfreund schonend mit den Ressourcen der Natur umgehen, stellt die Kultivierung und Zucht von Speisepilzen eine wunderbare Alternative dar.

Ästiger Stachelbart im Buchenwald

(Foto: Moritz Wildenauer)

Taubenblaue Austernseitlinge in unterschiedlichen Reifephasen

Reichliche Ernte von Shiitakes im Pilzgarten

Standort Garten

Es gibt zahlreiche Standorte, an denen sich Pilze wohlfühlen. Bei einem Spaziergang im Wald findet man immer wieder schmackhafte Schwammerln. Glücklicherweise gibt es nicht nur die Mykorrhiza-Pilze, die in Symbiose mit höheren Pflanzen leben. Bei der Zucht von Speisepilzen wird meist Holz, Stroh oder Kompost verwendet – sie dienen dem Pilz als Nährmedium. Je genauer man die Prozesse der Natur beobachtet, desto mehr kann man aus ihnen lernen. Auf diese Weise wird bei der Kultivierung von Speisepilzen versucht, optimale Bedingung für den Pilz zu erzeugen.

Pilze wachsen nicht immer und nicht überall. Um einen Pilzgarten anlegen zu können, sind einige Standortfaktoren zu berücksichtigen: Sie bevorzugen ein feuchtes Mikroklima, also einen windgeschützten und zumindest halbschattigen Platz. Welche Standorte sind für die Anlage eines Pilzgartens geeignet? Optimalen Schatten bieten Laubbäume, Sträucher oder eine Hecke. Moose und Farne im Garten zeigen an, dass auch Schwammerln hier gut gedeihen können. Auch auf schattigen Hanglagen, entlang von Bachläufen oder nahe an einem Teich kann ein Pilzgarten angelegt werden. Unter Nadelbäumen wachsen die meisten Pilze hingegen schlecht, selbst in niederschlagsreichen Zeiten kommt hier oft zu wenig Regen durch.

Ein weiterer wichtiger Standortfaktor für den zukünftigen Pilzgarten ist die Verfügbarkeit von Wasser, das zum Bewässern der Kulturen benötigt wird. Hier sind auch die unterschiedlichen Ansprüche der einzelnen Pilzarten ausschlaggebend, die im Weiteren besprochen werden. Bei ihren Ansprüchen an den Boden sind Pilze weniger wählerisch. Nur staunasse Böden können das Wachstum negativ beeinflussen.

Die Größe und Grundausstattung eines Pilzgartens

Wenn ein geeigneter Platz für die Anlage eines Pilzgartens gefunden worden ist, stellt sich die Frage, welche Größe und Grundausstattung der Garten haben soll. Um sich möglichst über das ganze Jahr hinweg mit Pilzen aus dem eigenen Garten versorgen zu können, werden idealerweise verschiedene Pilzarten angebaut. Diese können entweder auf Holz, Stroh oder in Erdbeeten angelegt werden. Jedes Nährmedium hat seine Vor- und Nachteile – diese sollten deshalb bei der Wahl von Pilzarten berücksichtigt werden.

Wir empfehlen für den durchschnittlichen Bedarf eines 3- bis 4-Personenhaushaltes zirka 6 Holzstämme (mit 1 m Länge und 10–15 cm Durchmesser) mit Shiitakes und 3 Stämme (mit 1 m Länge) mit größerem Durchmesser (20–35 cm) mit Seitlingen oder Stockschwämmchen. Zusätzlich können noch 2 Strohballen mit Kulturträuschlingen oder Seitlingen beimpft werden. Die mit Shiitake beimpften Stämme werden ohne Erdkontakt aufgestellt. Die anderen Stämme werden gedrittelt und jeweils 10 cm in die Erde eingegraben (→ Anlage eines Pilzgartens S. 26). Auch die beimpften Strohballen benötigen, um Pilze hervorzubringen, Kontakt zur Erde. Daraus ergibt sich ein Flächenbedarf von zirka 7 m². Mit dieser Grundausstattung können vom Frühjahr bis zum Herbst Pilze geerntet werden. Zusätzlich können noch Stämme mit Samtfußrübling beimpft werden – dieser ist ein vorzüglicher Winterpilz.

Der Verlauf der Witterung entscheidet, wann und wie viele Pilze geerntet werden können. Wenn man sich für die Kultivierung von Shiitakes entscheidet, kann der Erntezeitraum mitbestimmt werden (→ Pilze auf Baumstämmen S. 18). Allgemein ist darauf zu achten, die Baumstämme möglichst schneckensicher aufzustellen. Nacktschnecken fressen oft die noch kleinen Pilze, da sie vom zarten Pilzduft angelockt werden (→ Schädlinge und Konkurrenzorganismen im Pilzanbau S. 90)

Jeder Pilz benötigt Zeit, um ein Nährsubstrat zu besiedeln. Diese Zeitspanne erstreckt sich von wenigen Monaten bis zu 2 Jahren. Manche Pilzarten, z.B. Austernseitlinge, können sowohl auf Holz als auch auf Stroh kultiviert werden. Der Kulturträuschling (Braunkappe) bevorzugt Stroh. Er wird bereits seit langem kultiviert, weil er reiche Ernteerträge liefert und anspruchslos ist. Pilze besiedeln Stroh üblicherweise rascher als Holz. Wenn erstmals ein Pilzgarten angelegt wird, muss Verschiedenes beachtet werden:

Natürlich möchte man als Pilzfreund bald die ersten kleinen Pilzchen wachsen sehen. Daher ist es ratsam, für den ersten Erfolg schon fertig beimpfte Baumstämme zu beschaffen und ergänzend mit einer Strohkultur zu beginnen. Pilze, die auch auf Stroh gedeihen, wachsen schneller durch das Substrat, wobei h er eine Frühjahrsbeimpfung empfohlen wird. Bei einer Beimpfung im Herbst braucht die Brut etwas länger zum Einwachsen – aber bei geglückter Besiedelung des Strohs können auch schon im Frühling Pilze geerntet werden (gilt für Kulturträuschling).

Neben den bereits fertig beimpften Stämmen kann auch nur Pilzbrut besorgt werden, um Shiitakes, Austernseitlinge etc. zu kultivieren. Die mit Pilzbrut beimpften Stämme werden zwar langsamer durchwachsen als das Strohsubstrat, es kann aber bis zu 5 Jahre lang von einem Stamm geerntet werden. Pilze verwerten Stroh viel schneller, daher bringt dieses meist nur für ein Jahr Erträge hervor. Die Verwendung von Baumstämmen trägt zur Nachhaltigkeit und zur Beständigkeit eines jeden Pilzgartens bei.

In den folgenden Kapiteln werden die Vor- und Nachteile der unterschiedlichen Substrate für die Kultivierung genauer erläutert.

Die Pilzbrut – der wichtigste Bestandteil in der Pilzzucht

Wer Pilze im Garten anbauen möchte, braucht dazu die richtige Pilzbrut. So wie man von Gemüse die Jungpflanzen entweder kaufen oder aus Samen selber ziehen kann, wird Pilzbrut, die man zum Starten benötigt, entweder selbst hergestellt oder im Handel bestellt. Die Pilzbrut selbst herzustellen erfordert Fingerspitzengefühl, eine sehr gute Kenntnis über die Lebensweise der jeweiligen Pilzart und das Arbeiten unter sterilen Bedingungen. Es ist günstig, erst Erfahrungen mit der Kultivierung von Pilzen zu sammeln, bevor man versucht, sie zu züchten. Es dürfen sich bei der Herstellung von Pilzbrut keinesfalls ungewollte Keime (Bakterien, Schimmelpilze usw.) einschleichen.

Unser Tipp: Für jene, die sich intensiver in die Welt der Pilze vertiefen wollen oder schon Erfahrungen mit dem mikrobiologischen Arbeiten gemacht haben: Im Kapitel „Pilze züchten“ (→ S. 96) finden Sie Anleitungen für die Herstellung von Pilzbrut sowie eine Übersicht über die benötigten Materialien und Methoden.

Getreidepilzbrut

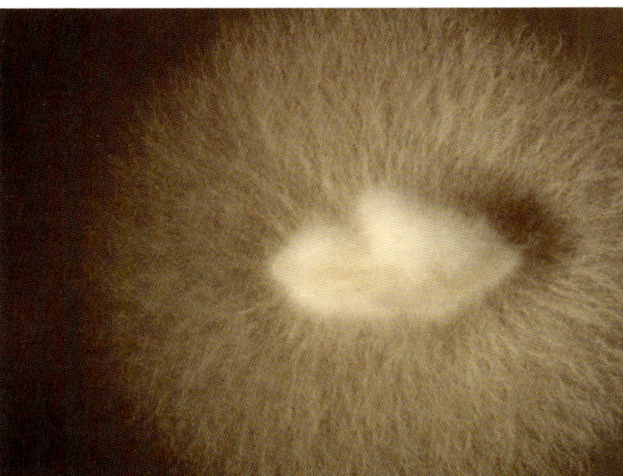
Pilzgeflecht auf Agarplatte

Myzelflaum auf Holzdübel

Wie entsteht aber nun eigentlich Pilzbrut? Der erste Schritt bei der Herstellung von Pilzbrut ist die Gewinnung einer Pilzreinkultur. Dazu können entweder die Sporen oder ein Gewebestück aus dem Fruchtkörper auf Nähragar übertragen werden. Dort bildet sich ein Pilzgeflecht aus, das in weiterer Folge auf sterilisiertes Getreide übertragen wird. Jeder Pilz hat besondere Ansprüche an seine erste Nahrungsgrundlage, so kann sich die Zugabe von natürlichen Zusatzstoffen (wie z.B. Gips, Kleie) positiv auf die Vitalität einer Pilzbrut auswirken. Vor allem ist der Pilz dort bestens mit Nährstoffen versorgt. Wenn steril gearbeitet wurde, kann sich der Pilz im Substrat ausbreiten – meist erkennt man schnell, ob eine Pilzbrut gesund und vital ist. Dies sollte auch beim Kauf einer Pilzbrut beachtet werden. Allgemein dürfen auf keinen Fall Schimmelpilze (grün-bläuliche Stellen) zu sehen sein. Heutzutage sind Kontaminationen mit Schimmelpilzen bei im Handel bestellter Pilzbrut eher selten. Eines muss einem jedoch klar sein – wenn Pilzbrut zu lange oder bei zu hoher Temperatur gelagert wird, kann sich das auf die Qualität des Myzels auswirken. Eine Lagerung von 2–3 Wochen im Kühlschrank oder in einem kühlen Keller ist kein Problem.

Ist das Getreide gut vom Myzel durchwachsen, so wird die Getreidepilzbrut nun zum Beimpfen jenes Substrates verwendet, auf dem der Pilz später die Fruchtkörper ausbilden kann. Dazu eignet sich, wie bereits erwähnt, Holz, Stroh oder Kompost. Des Weiteren kann man mit Dübelbrut arbeiten. Dafür werden befeuchtete Holzdübel unter sterilen Bedingungen mit Getreidebrut beimpft. Das Pilzmyzel wächst in die Dübel hinein und diese werden anschließend in das Holz geschlagen.

Unser Tipp: Die Dübelbrut eignet sich bestens für die Beimpfung von Holzstubben, mehr dazu finden Sie im Kapitel „Standort Wald und Acker" *(→ S. 67)*.

Wie der Pilz ins Holz kommt – das „Impfen"

Es gibt mehrere Möglichkeiten, Stämme mit Pilzbrut zu beimpfen. Durch langjährige Erfahrungen können 3 Methoden empfohlen werden – diese haben in der Gartenpraxis auch die größte Bedeutung erlangt:

- Bei der Schnittimpfmethode (Getreidebrut) benötigt man eine Motorsäge.
- Bei der Dübelbeimpfung (Dübelbrut) kann einfach mit einer Bohrmaschine gearbeitet werden.
- Für Stämme mit großem Durchmesser oder für eine Holzstubbenbeimpfung empfiehlt sich die Bohrlochmethode. Es wird dafür ein Schlangenbohrer eingesetzt. Hierbei wird dann Getreidebrut verwendet, um die gebohrten Löcher zu füllen.

Getreide- oder Dübelbrut?

Die folgende Tabelle soll einen kurzen Überblick der wichtigsten Vor- und Nachteile der unterschiedlichen Bruttypen geben. Hat man sich für Getreide- oder Dübelbrut entschieden, ergibt sich auch automatisch die Methode, mit der beimpft werden kann (Schnittimpfmethode, Dübelbeimpfung oder Bohrlochmethode).

	Vorteile	Nachteile
Getreidebrut (Schnitt-impfmethode, Borlochmethode)	• große Myzelmenge und Nährstoffreserve • Das Myzel wächst über eine große Schnittfläche bzw. über viele Bohrlöcher in das Holz ein • Kosten-Nutzen-Verhältnis sehr gut • Zeitersparnis bei der Beimpfung von mehreren Stämmen • Verfügbarkeit im Handel ist fast immer gegeben	• Haltbarkeit der Brut ist begrenzt (kühl lagern) • empfindlich gegenüber Schädlingen und Schimmel • Motorsäge wird benötigt
Dübelbrut (Dübelbeimpfung)	• keine Motorsäge notwendig, Bohrmaschine genügt • gut geeignet für geringere Holzmengen und zum Ausprobieren • Schädlinge haben weniger Chancen (keine Mäuse, keine Keime, keine Pilzmücken) • gute Lagerfähigkeit der Brut	• gegenüber Getreidebrut geringere Myzelmenge, daher viele Impfstellen notwendig • längere Einwachszeit • spätere Fruchtkörperbildung • Arbeitsaufwand ist größer als bei Getreidebrut/Stamm

Tabelle: Vorteile und Nachteile von Getreide- und Dübelbrut bei der Beimpfung von Holz

Pilze auf Baumstämmen

Die Kultivierung auf Baumstämmen ist unkompliziert und ertragreich. Viele Holz bewohnende Kulturpilze lassen sich so im Garten anbauen: Einer der beliebtesten Pilze, der Shiitake, ist für die Kultivierung auf Holz äußerst gut geeignet. Diese naturnahe Methode wird in Asien schon seit langem praktiziert. Ausgehend von diesen Erfahrungen wurde die Methode auch in Europa und Amerika angewandt. Schmackhafte heimische Pilze wie das Stockschwämmchen, unterschiedlichste Seitlinge, der Samtfußrübling oder auch der Graublättrige Schwefelkopf werden auf diese Weise in unseren Breiten angebaut. Diese Kultivierungsform entspricht dem natürlichen Lebenszyklus der Pilze und sie passen sich den Bedingungen der Natur an. Die meisten der heute im Handel erhältlichen Pilze, werden mit hohem technischem Aufwand unter kontrollierten Bedingungen in Hallen gezüchtet. Um den Pilzen eine optimale Lebensgrundlage zu bieten, müssen einige Dinge beachtet werden.

Holzqualität

Wichtig für eine erfolgreiche Zucht ist die Qualität des Holzes. Das für den Pilzanbau verwendete Holz sollte möglichst frisch geschlagen und nicht mehr als 4 Monate eingelagert worden sein. Idealerweise hat man Holz zur Verfügung, das im Winter oder im zeitigen Frühjahr geschlägert wurde. Denn im Winter befinden sind die Laubbäume in Vegetationsruhe – sie sind „nicht im Saft". In dieser Zeitspanne kann ein höherer Zuckergehalt in den Zellen der Bäume gemessen werden. Und der erhöhte Zuckergehalt im Splintholz begünstigt das Myzelwachstum des Pilzes im Stamm und ist ausschlaggebend für eine rasche Besiedelung. Zudem ist bei länger gelagertem Holz die Wahrscheinlichkeit größer, dass sich bereits Schadpilze angesiedelt haben, die dann in Konkurrenz mit dem Kulturpilz stehen würden.

Sowohl Hartholz als auch Weichholz eignen sich für den Pilzanbau. Jedoch sind die harten Hölzer wie Rotbuche (*Fagus sylvatica*), Hainbuche (*Carpinus betulus*), Eiche (*Quercus*) und Ahorn (*Acer*) idealer als die weichen Hölzer von Weide, Birke, Pappel, Erle und Linde, da sie bis zu 5 Jahre Erträge hervorbringen können. Anzumerken ist jedoch auch, dass sich das Myzel rascher in weichem Holz ausbreitet und es so auch zu einem früheren Ertrag kommt. Folglich ist der Stamm aber auch schneller verbraucht und er hält nur bis maximal 3 Jahre.

Die am häufigsten verwendeten Hölzer sind Buche, Eiche und Birke. So wird der Shiitake auf Buchen- und Eichenstämmen gezogen, da die Holzeigenschaften genau zu den Wachstumsbedingungen des Pilzes passen. Stockschwämmchen und Igelstachelbart hingegen gedeihen gut auf Birke. Die zur Beimpfung geeigneten Hölzer werden noch genauer bei den Pilzporträts (→ S. 42) beschrieben.

Unser Tipp: Die empfohlenen Baumarten haben sich auch aus unseren langjährigen Erfahrungen und Versuchen ergeben. Für die Verwendung von Obstgehölzen gibt es in der Praxis noch keine nennenswerten Erfahrungen.

Qualität der Rinde

Beim Fällen der Bäume ist darauf zu achten, dass die Rinde nicht beschädigt wird. Bleibt die Rinde ganz und ohne Wunden am Stamm, so trocknet das Holz nicht aus und es können keine Schadpilze eindringen. Auch ist die Wahrscheinlichkeit geringer, dass sich die Rinde vorzeitig ablöst.

Warum ist die Rinde so wichtig für einen erfolgreichen Pilzanbau? Die Rinde schützt das Myzel vor dem Austrocknen. Ein Stamm kann schon sehr verbraucht aussehen – solange sich noch intakte Rinde am Stamm befindet, können auch hier noch Fruchtkörper herauskommen. Bei Buchenholz ist das besonders gut zu beobachten. Anders hingegen verhält sich ein alter Stamm aus

Buchenstämme

beimpftem Eichenholz. Äußerlich merkt man hier nichts vom Alter des Stammes – es fällt keine Rinde ab, er scheint unverändert. Wenn der Stamm aber nun gehoben wird, merkt man schnell, dass dieser ganz leicht geworden ist, ähnlich wie bei morschem Holz, das man im Wald findet. Egal, welches Holz verwendet wird – früher oder später sind die verwertbaren Bestandteile des Holzes aufgebraucht und es muss wieder frisches Holz beimpft werden.

Unser Tipp: Bei bestehenden Pilzgärten empfehlen wir, alle 2–3 Jahre einige neue Stämme zu beimpfen, um jedes Jahr eine Ernte zu garantieren.

Bezugsquellen für Holz

Natürlich hat nicht jeder den Luxus eines eigenen Waldes, in dem beliebig Bäume für den Pilzanbau gefällt werden können. Am einfachsten ist es, Bauern aus der Umgebung zu fragen, ob sie bei der nächsten Winterschlägerung ein paar Meter Laubholz schneiden können. Immer den gewünschten Durchmesser und die unbeschädigte Rinde erwähnen. Der optimale Stammdurchmesser ist bei jeder Pilzart unterschiedlich. Bei Shiitakes wird üblicherweise ein Durchmesser von 10–15 cm gewählt. Anders beispielsweise beim Stockschwämmchen, hier kann durchaus ein Stamm mit bis zu 35 cm Durchmesser besiedelt werden.

Vor dem „Impfen"

Bis zum Frühling werden die Stämme im Garten abgedeckt gelagert. Von April bis Ende Mai können die im Winter oder Frühjahr geschlägerten Hölzer beimpft werden.

Wichtig: Wird Eiche als Kulturholz verwendet, sollte das frisch geschlagene Holz vor der Beimpfung etwa 3–4 Wochen gelagert werden. Dadurch werden Abwehrstoffe, die natürlich im Holz vorhanden sind, reduziert. In der Natur schützt sich ein gesunder Baum so auch vor schädlichen Mikroorganismen. Wird diese Wartezeit nicht eingehalten, kann das Myzel das Holz nicht so gut durchwachsen. Bei der Beimpfung des Stammes mit Pilzbrut darf das Holz nicht ausgetrocknet sein. Risse an den Stirnflächen deuten auf zu starke Austrocknung hin. Hier kann Abhilfe geschaffen werden, indem man die Hölzer 24 Stunden in einen Wasserbehälter einlegt. Belässt man den Stamm zu lange im Wasser, kann sich das negativ auf das Wachstum des Myzels auswirken. Die Zellen lagern zu viel Wasser ein, das verdrängt den Sauerstoff und der Pilz hat es schwerer, den Stamm zu besiedeln. Das Wässern kann vor allem bei Hölzern mit kleinerem Durchmesser (8–15 cm) notwendig sein.

Abgedecktes Holz hält die Stammfeuchte meist über mehrere Monate und braucht nicht gewässert zu werden. Zum Abdecken kann eine Gewebeplane verwendet werden. Die Stämme sollten jedoch nicht in der Sonne gelagert werden, da auch Frühlingssonnenstrahlen nicht unterschätzt werden dürfen.

Die Beimpfung mit Pilzbrut

Schnittimpfmethode

Bei dieser Methode werden 1 m lange Stämme mit Pilzbrut beimpft. Der Stamm wird, etwa 30 cm von der jeweiligen Stirnseite ausgehend, einmal von oben und einmal von unten eingesägt (insgesamt 2 Schnitte pro Stamm). Beim Shiitake kann auch mit 3 Schnitten im Abstand von 25 cm gearbeitet

Schnittimpfmethode

werden. Die Schnitte sollten gerade so breit sein (ca. 1 1/2 cm), dass die Pilzbrut noch gut eingefüllt werden kann. Hilfreich ist es, schon vor dem Beimpfen den Schnitt mit Klebeband (ideal ist ein silbernes Gewebeklebeband, z.B. X-Way, Gaffa) abzukleben. Die Brut soll beim Einfüllen nicht herausfallen, weshalb das Klebeband rund um den Stamm und mit bis zu 2 Klebebandbreiten angebracht wird.

Um die Getreidebrut einfüllen zu können, schneidet man über dem Einschnitt ein kleines Rechteck (ca. 4 cm lang) aus. Alle Einschnitte werden randvoll mit Brut befüllt, diese mit einem Stäbchen festgedrückt und mit dem Klebeband verschlossen. Die Brut sollte dabei nicht zerquetscht, sondern vorsichtig ohne Hohlräume in die Schnitte gefüllt werden. Wenn die Getreidebrut (→ Herstellung einer Getreidebrut S. 103) kompakt und sauber eingefüllt wird, haben Pilzmücken und andere Schadorganismen weniger Chancen. Bei gröberen Rinden, wie sie z.B. die Eiche hat, sollte das Klebeband sehr fest und möglichst dicht abschließen – auch hier könnten Organismen in der Durchwachsphase der Brut schaden. Das Klebeband schützt auch vor Austrocknung. Um das Ablösen des Klebebandes vom Stamm zu verhindern, sollte es zusätzlich mit einigen Heftklammern befestigt werden.

Das Einschneiden und Beimpfen sollte jeweils in einem Durchgang erfolgen. Ist das Holz einmal eingeschnitten, können andere konkurrierende Organismen relativ rasch das Holz besiedeln und die Arbeit war umsonst. Wenn mit unterschiedlichen Pilzarten gearbeitet wird, sollten niemals 2 Pilzarten auf einem Stamm beimpft werden. Es würde eine Konkurrenzsituation entstehen, bei der sich der Stärkere durchsetzt.

Es besteht kein Grund zur Sorge, dass gesunde Obst- oder andere Laubbäume von den Kulturpilzen angegriffen werden. Üblicherweise sind die Abwehrkräfte eines vitalen Baumes so stark, dass es auch bei erhöhtem Sporendruck in der Luft zu keiner Infektion kommen kann.

Beschriftung

Wie viele Stämme können nun mit einer 2 l Getreidebrut beimpft werden? Dies ist abhängig von Durchmesser und Pilzart. Es können bei Shiitakes 6–8 und bei den Erdkulturen 2–3 Stämme (jeweils mit 1 m Länge) beimpft werden.

Nicht zu vergessen:

- Gleich nach der Beimpfung werden die Stämme beschriftet. Es hat sich bewährt, dazu Aluplättchen zu verwenden
- Die Pilzart und das Beimpfungsjahr wird eingeritzt
- Das Plättchen wird auf einer Stirnseiten (Tacker) befestigt
- Verwenden Sie bitte keinen Textmarker-dieser ist nicht dauerhaft

Benötigte Materialien für die Schnittimpfmethode

- Getreidebrut
- Motorsäge
- Holzstäbchen zum Einfüllen der Brut
- Gewebeklebeband (z.B. X-Way, erhältlich im Baumarkt)
- Stanleymesser
- Tacker mit Heftklammern

Arbeitsschritte im Überblick

- Holz anschaffen (in den Wintermonaten)
- Getreidebrut bestellen (April bis Ende Mai)
- benötigte Materialien vorbereiten

Vorgehensweise Beimpfen
(→ Schnittimpfmethode S. 19)

- mit der Motorsäge Schnitte ins 1-metrige Holz schneiden (beim Shiitake 3 Schnitte, bei den übrigen Pilzarten nur 2 Schnitte)
- Schnitte mit Klebeband abkleben
- mit einem Stanleymesser Rechteck herausschneiden
- Getreidebrut mit Stäbchen in den Spalt füllen, bis der Schnitt angefüllt ist
- mit Klebeband wieder verschließen
- zusätzlich Klebeband mit Heftklammern befestigen
- an einem schattigen, windgeschützten Ort in einer Miete lagern (→ Abbildung Wintermiete S. 25)

Dübelimpfmethode

Die Dübelimpfmethode ist eine recht praktische Methode für die Beimpfung von wenigen Stämmen. Mit einem Bohrer werden – gleichmäßig verteilt – ca. 5 cm tiefe Löcher in den Stamm gebohrt. Die Holzdübel werden in die Löcher hineingesteckt und mit einem Hammer eingeschlagen. Abhängig von Stammdurchmesser und Pilzart ergeben sich für einen Shiitakestamm etwa 25–50 Dübel, für andere Arten 50–100 Dübel pro Laufmeter. Prinzipiell gilt für den Ernteerfolg – je mehr Dübel pro Stamm, desto besser. Ganz wichtig ist abschließend das gute Verschließen der Impfstellen mit Spezialwachs.

Wie wird nun genau beimpft? Mit einem 9 oder 9 1/2 mm Bohrer werden Löcher gleichmäßig über 1 m Stamm verteilt. Dabei wird etwa 5 cm tief ins Holz gebohrt. Es sollte kein kleinerer Bohrer (< 9 mm) verwendet werden, da sonst Gefahr besteht, das Myzel vom Dübel abzustreifen. Bei gut durchwachsener, nicht ausgetrockneter Dübelbrut hat das Myzel die Holzdübel schon besiedelt und einer erfolgreichen Beimpfung steht nichts im Wege. Die Dübel werden dann, wie schon erwähnt, in die Löcher hineingesteckt, eingeschla-

Dübelimpfmethode

gen und mit Spezialwachs (wird oft mit der Dübelbrut mitgeliefert) verschlossen.

Falls kein Wachs zum Verschließen mitgeliefert wird, kann man im Agrarfachhandel oder bei Pilzbrutanbietern sogenanntes „Käsewachs" kaufen. Es ist nicht zu empfehlen, normales Bienenwachs zu verwenden, da dieses bei niedrigen Temperaturen im Winter porös wird und abfällt. Das Wachs schützt vor Austrocknung. Aufgetragen wird es am besten im geschmolzenen Zustand. Das Wachs kann im Behälter mithilfe einer Kerze (es genügt ein Teelicht) erwärmt werden. Anschließend wird der in das Loch versenkte Dübel mit Wachs gut überstrichen, dazu wird das erwärmte Wachs mit einem Pinsel aufgetragen.

Anzumerken ist, dass sich frische Dübelbrut mehrere Wochen (bis zu 2 Monate) ohne Qualitätsverluste lagern lässt. Solange diese nicht geöffnet wird, besteht keine Gefahr der Kontamination, auch die Feuchtigkeit bleibt optimal erhalten. Manchmal bilden sich auf den Dübeln auch schon echte Pilzfruchtkörperansätze, diese werden dann vor der Beimpfung entfernt.

Wie viele Stämme können mit 100 Dübeln beimpft werden? Dies ist abhängig von Durchmesser und Pilzart. Bei Shiitakes können 2–3 und bei den Erdkulturen 1 Stamm (jeweils mit 1 m Länge) beimpft werden.

Benötigte Materialien für die Dübelimpfmethode

- Dübelbrut
- 9 oder 9 1/2 mm Bohrer
- Spezialwachs zum Verschließen (wird oft mitgeliefert)
- Teelicht oder Heizplatte zum Erhitzen des Wachses
- Hammer

Materialien für die Dübelimpfmethode

Arbeitsschritte im Überblick

- Holz anschaffen (in den Wintermonaten)
- Dübelbrut bestellen (April bis Ende Mai)
- benötigte Materialien vorbereiten

Vorgehensweise Beimpfen (→ Dübelimpfmethode S. 22)

- gleichmäßig Löcher bohren
- Dübel in die Löcher klopfen
- Spezialwachs schmelzen
- Wachs mit einem Pinsel auf jede Impfstelle auftragen
- an einem schattigen, windgeschützten Ort in einer Miete lagern (→ Abbildung Wintermiete S. 25)

Unser Tipp: Bei der Dübelimpfmethode kann gemeinsam mit Kindern gearbeitet werden – sie sind meist begeistert, interessiert und das Impfen macht auch Freude.

Bohrlochmethode

Bohrlochmethode

Die Bohrlochmethode eignet sich ausgezeichnet für die Beimpfung von Stubben.

Mit einem Schlangenbohrer werden Stubben (Baumstumpf mit Wurzelwerk) im Abstand von 5–7 cm mit Löchern von 8–12 cm Tiefe versehen. Es kann von oben in die Schnittstelle und auch seitlich in den Stamm gebohrt werden. Ein Bohrlochdurchmesser von etwa 16–22 mm wird empfohlen. Die Anzahl der Impfstellen sollte nicht zu gering sein – 10–20 Löcher für einen mittleren Stammdurchmesser genügen. Die zerbröckelte Getreidebrut wird dann vorsichtig mit einem Stäbchen eingefüllt und verschlossen. Zum Verschließen kann man Holzplättchen oder Korken verwenden.

Unser Tipp: In Baumärkten sind Buchenrundstäbe mit passenden Durchmessern verfügbar. Die Stäbchen werden in Scheiben geschnitten (5–10 mm) und dienen zum Verschluss der Bohrlöcher. Zusätzlich sollten die Impfstellen mit Wachs überstrichen werden. Zum Einfüllen der Brut ist ein Trichter praktisch.

Es ist wichtig, nicht zu lange mit der Beimpfung zu warten – der Erfolg der Besiedlung sinkt, je älter eine Stubbe ist. Optimale Bedingungen hat der Pilz bei frisch entstanden Stubben (bis zu 3 Monate nach dem Fällen). Später haben sich schon andere Holz zersetzende Pilze angesiedelt und eine Beimpfung mit dem Kulturpilz wird schwieriger. Die Schnittflächen werden nach der Beimpfung mit Moos abgedeckt.

Bei den Pilzporträts (→ S. 42) wird nochmals darauf hingewiesen, welche Pilzarten sich besonders gut zur Stubbenbeimpfung eignen.

Wintermiete

Die Entwicklungsschritte im Pilzgarten

Durchwachsphase und Lagerung

Nach dem Beimpfen durchwächst das Myzel allmählich das Holz. Ideal ist, wenn die Durchwachsphase von Frühling bis Herbst im Garten stattfinden kann. Bei einer Frühjahrsbeimpfung ist das Holz im optimalen Zustand. Daher sollten die Bäume schon im Winter gefällt worden sein.

Die übriggebliebene Stubbe kann dann in einem Zug mit den geschnittenen Stämmen beimpft werden. Die Durchwachszeit hängt von der jeweiligen Pilzart, dem Holz, dem Durchmesser des Stammes und der Anzahl der Dübel bzw. Schnittflächen ab.

Austernpilze wachsen im Vergleich zu anderen Pilzen z.B. relativ schnell ins Holz ein. Grundsätzlich rechnet man mit einer Durchwachszeit von einem Jahr. Beim Shiitake kann es etwas länger dauern, manchmal auch 1–2 Jahre – bei der Schnittimpfmethode wird der Stamm schneller besiedelt.

Hat man die Hölzer beimpft, werden diese an einem schattigen Platz im Garten gelagert. Die Stämme werden dazu nicht direkt am Boden zur Lagerung aufgelegt, sondern mit etwas Abstand zur Erde (etwa 10 cm). Die Hölzer werden zusätzlich mit einer Abdeckplane geschützt. Wenn eine größere Menge an Stämmen beimpft wird, sollte die windexponierte Seite abgedeckt werden.

Unser Tipp: In Fachbüchern wird häufig erwähnt, dass die Hölzer gemeinsam mit Stroh eingemietet werden können – aus persönlicher Erfahrung raten wir nicht zu dieser Methode. Die Stämme werden zwar schneller durchwachsen, doch es wirkt sich negativ auf die Rinde aus. Wir konnten ein schnelleres Ablösen der Rinde beobachten, was direkte Auswirkungen auf den Ertrag und die Ausdauer der Kultur hat.

Bei sehr trockenem Wetter über einen längeren Zeitraum kann der Stamm auch etwas gegossen werden. Die eingemieteten Stämme sollten gelegentlich kontrolliert werden, denn Mäusen schmeckt die Brut manchmal auch ganz gut. In diesem Fall muss die Impfstelle zusätzlich geschützt werden – mit einem feinmaschigen Gitter oder dünnen Aluplatten (erhältlich in Druckereien). Im Winter bleiben die Stämme, mit Planen abgedeckt, im Freien.

Die Anlage eines Pilzgartens

Bei der Wahl des Standortes für den Pilzgarten muss auf einiges geachtet werden: Die Pilze gedeihen am besten, wenn ein feuchtes Mikroklima herrscht. Es muss ein zumindest halbschattiger Platz gewählt werden – ideale Bedingungen finden die Pilze unter Obstbäumen, Sträuchern und an anderen Standorten, die eher feucht sind (dort, wo Farn und Moos wächst). Wenn ein Platz ausgewählt wurde, kann mit der Gestaltung des Pilzgartens begonnen werden. Voraussetzung ist die Planung des Platzbedarfs – natürlich hängt dieser von der Anzahl der beimpften Stämme ab.

Als erster Schritt bei der „Auswinterung" der Pilzstämme – im Falle der Schnittimpfmethode – wird das Klebeband von den Impfstellen entfernt. Nun kann auch der Erfolg der Besiedlung beurteilt werden. Oft erscheint an den Enden das weiße Myzel des Kulturpilzes. Die eingewachsene Pilzbrut sieht meist weißlich aus, beim Shiitake sind auch weiß-bräunliche Stellen normal.

Manchmal wird die Getreidebrut von Organismen befallen. Es besteht jedoch auch noch kein Grund zur Besorgnis, wenn ein Teil der Brut etwas dunkler geworden ist – meist verbirgt sich noch weißes, vitales Myzel hinter den dunklen Stellen. Trotzdem ist in der Regel eine erfolgreiche Besiedlung möglich.

Shiitakestämme brauchen keinen Erdkontakt und werden so belassen, wie sie sind (1-metrig). Für die meisten anderen Arten gilt folgende Vorgangsweise: Die 1-metrigen Stämme werden nun in 3 Teile geschnitten. Danach werden die Stücke dort, wo man den Pilzgarten anlegen will,

Erdkulturen werden knapp unter der Schnittstelle geteilt

Gut eingewachsenes Shiitakemyzel

Stammquerschnitt: Schnittimpfmethode

Stammquerschnitt: Dübelimpfmethode

Stammquerschnitt: Bohrlochmethode

Erdmyzel

Antackern von Moos auf der Schnittfläche

10 cm tief in die Erde gesetzt. Austernseitlinge, Stockschwämmchen und andere Pilzarten brauchen den Erdkontakt, um Fruchtkörper zu bilden. Dazu wird ein Loch in der Größe des Durchmessers des Stammes ausgehoben, der Stamm hineingesetzt und das Loch rundherum wieder ausgefüllt und festgetreten. Nach etwa 3 Wochen kann man hier nochmals den Besiedlungserfolg überprüfen. Wenn der eingegrabene Stamm leicht gekippt wird, ist ein weißliches Pilzgeflecht zu sehen – d.h., der Pilz hat schon ein Erdmyzel ausgebildet (→ Abbildung oben). Charakteristisch ist für diese Pilzkulturen, dass die Pilze auch aus dem nahegelegenen Erdreich neben dem Stamm herauskommen und selbst Wasser und Nährstoffe aus dem Boden beziehen können. Bei der Schnittimpfmethode sollten Sie immer darauf achten, dass die 2 Randstücke des gedrittelten Stammes mit den Impfstellen nach unten in die Erde gegraben werden. Dadurch bildet sich das Erdmyzel schneller aus und es werden keine Schädlinge angelockt.

Unser Tipp: Wenn die Schnittflächen mit Moos versehen werden, verhindert dies das Austrocknen der Stämme und freut die Pilze wie den Betrachter. Günstig ist es, Moos von Steinen aus dem Wald zu verwenden. Dabei ist dünnes Moos mit wenig Humusstreuanteil besser geeignet als buschiges, hohes Moos. Es kann mit einigen Heftklammern auf der Stirnseite des Stammes befestigt werden, in der ersten Zeit sollte es vermehrt gegossen werden.

Später wächst es sich auf dem Stamm fest und schützt auf natürliche Weise vor dem Austrocknen. Das Moos ist auch ein guter Indikator für die optimale Wasserversorgung des Stammes. In der trockenen Sommerzeit können eingegrabene Stämme bewässert werden – wenn das Moos frisch und saftig aussieht, muss nicht bewässert werden. Dies gilt vor allem für die im Sommer fruchtenden Pilze.

Das gilt natürlich auch bei der Dübelimpfmethode.

Die Fläche, auf der ein Pilzgarten entstehen soll, muss möglichst frei von hohem Gras gehalten werden. Denn dort können sich Schnecken und andere Schädlinge besser verkriechen und die Pilzchen gefährden. Rund um die Stämme soll das

Waagrechte Stämme

Die Stämme können mit Haken befestigt werden

Herbert Wurth beim Aufhängen der Shiitakes

Gras deshalb regelmäßig entfernt werden. Die Stämme mit Erdkontakt können im Abstand von ca. 15 cm zueinander eingegraben werden. So kommt man noch gut zu den Pilzen, wenn geerntet werden soll. Natürlich kann man die eingegrabenen Stämme an einer Stelle oder auch im Garten verteilt einsetzen. Wer Shiitakestämme beimpft, kann diese auf 2 unterschiedliche Weisen im Garten platzieren:

- Die Stämme werden waagrechte gelagert. Dazu schlägt man 4 Pflöcke im Garten ein, befestigt 2 Latten darüber und legt die Stämme waagrecht auf.
- Oder man durchbohrt die Stämme und hängt sie in einen Baum.

Beide Varianten schützen die Pilze übrigens auch vor Schnecken. Wer keine Schnecken im Garten hat, kann die Stämme auch einfach gegen einen Baumstamm lehnen. Pilzkulturen, die den Erdkontakt benötigen, sind öfters von gefräßigen Zeitgenossen (wie Schnecken) betroffen – im Kapitel „Schädlinge und Konkurrenzorganismen im Pilzanbau" (→ S. 90) findet man Tipps und Tricks, wie die Pilze geschützt werden können.

Bewässerung der Pilzstämme

Wenn die Stämme frisch eingegraben sind, können sie als „Starthilfe" öfter gegossen werden. Durch das Moos und den Erdkontakt reguliert sich die Feuchtigkeit des Stammes mit der Zeit selbst. Es sollte auch nicht übermäßig gewässert werden. Eine Gießkanne oder ein Gartenschlauch können bei der Bewässerung der Kulturen gute Dienste leisten. Wer einen großen Pilzgarten angelegt

Sprühnebelanlage

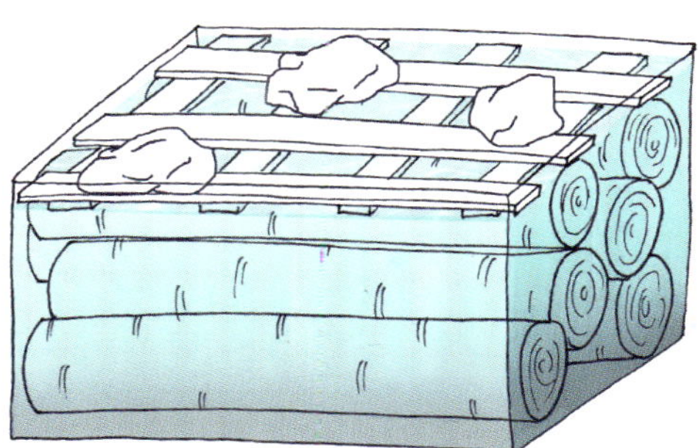

Tauchbecken für Shiitakestämme

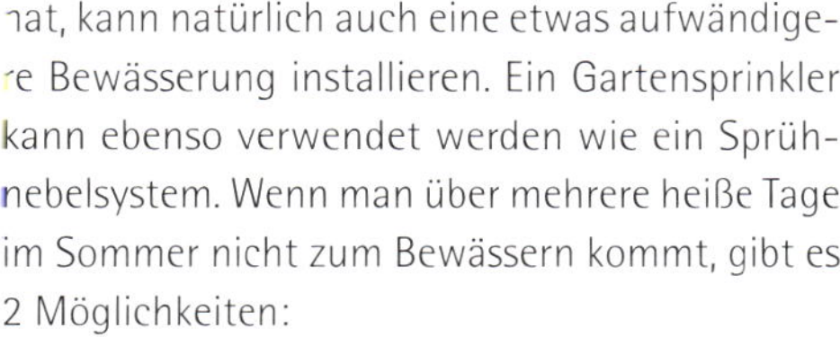

hat, kann natürlich auch eine etwas aufwändigere Bewässerung installieren. Ein Gartensprinkler kann ebenso verwendet werden wie ein Sprühnebelsystem. Wenn man über mehrere heiße Tage im Sommer nicht zum Bewässern kommt, gibt es 2 Möglichkeiten:

- Da die meisten Kulturpilze an den Rhythmus der Natur angepasst sind, schadet es ihnen nicht, wenn sie einmal nicht bewässert werden können. Pilze, die im Sommer gedeihen würden, erscheinen dann weniger häufig. Wenn Pilzansätze auf den eingegrabenen Stämmen zu sehen sind, sollte jeden Tag gegossen werden, auf jeden Fall bis knapp vor Erntereife. In Jahren mit häufigen Regenperioden versorgen sich die Kulturen ganz alleine mit Wasser.
- Die zweite Möglichkeit ist, einen Bewässerungstimer zu verwenden, und so den Wasserbedarf für die Kulturen zu regeln (wichtig bei Shiitakes). Das ist zwar etwas aufwendiger und kostenintensiver, kann jedoch auch gleichzeitig im Gemüsegarten oder Blumenbeet verwendet werden.

Besonderheit beim Shiitake

In der Kulturführung sind diese etwas anders zu behandeln als die Erdkulturen. Der Pilz stammt aus einer Klimazone mit höherer Luftfeuchtigkeit, daher muss er während der Fruchtkörperbildung und Erntephase mit genügend Wasser versorgt werden. Beim Shiitake werden besondere Vorkehrungen zur Einleitung der Fruchtkörperbildung getroffen. Mitte Juni und Ende August werden die durchwachsenen Stämme 24 Stunden in kaltes Wasser getaucht. Dabei sollte ein Behälter zur Verfügung stehen, in dem die Stämme ganz untergetaucht werden können (z.B. mit einem Stein oder Brettern beschwert, da der Baumstamm sonst aufschwimmt). Die Stämme können auch im Schwimmteich, Biotop oder in einen Bach getaucht werden. Steht eine Regentonne oder ein großer Bottich zur Verfügung, sind auch diese verwendbar. Der Stamm saugt sich stark mit Wasser voll – ein guter Start für eine erfolgreiche Ernte. Nach dem Tauchen werden die Stämme 3- bis 4-mal kräftig auf den Boden aufgestoßen. Dieses Ritual wird von allen Shiitakezüchtern eingehalten, denn die Erschütterung begünstigt die Fruchtkörperbildung. Man könnte fast meinen, der Pilz wird durch diese Zeremonie „aufgeweckt".

Im Anschluss werden die Stämme täglich gegossen, damit sie nicht austrocknen. Das ist insbesondere dann wichtig, wenn die kleinen Furcht-

„Aufwecken" der Pilze

Eingegrabene Stämme

körper aus der Rinde hervorbrechen. Trocknen sie in diesem Stadium ein, können die Pilze nicht mehr weiterwachsen. Im Hochsommer lässt man die Stämme ohne besondere Betreuung im Garten stehen. Zwischen den Ernten braucht der Shiitake eine Ruhezeit. In dieser sollten die Stämme nach Möglichkeit wieder austrocknen. Die oben genannten Schritte werden jedes Jahr wiederholt. Wenn die Pilze groß geworden sind, wird das Bewässern reduziert, da sie sonst schwammig werden.

Wichtig:

- kaltes Wasser verwenden
- nicht mehr als 24 Stunden tauchen
- das Aufstampfen auf den Boden nicht vergessen
- immer wieder bewässern (in der Phase, in der die Pilze wachsen)

Ernte der Pilze

Zu welcher Jahreszeit und wie lange nach dem Impfen die ersten Pilze geerntet werden können, ist von der Art abhängig. Etwas Geduld ist notwendig, denn es kann bis zu 2 Jahre dauern, bis aus den Stämmen erste Pilze wachsen. Die biologischen Vorgänge brauchen ihre Zeit. Der gelbe Austernseitling etwa fruchtet mehrmals in den Sommermonaten, das Stockschwämmchen fruchtet im Herbst (und manchmal auch im Frühjahr), der Taubenblaue Austernseitling im Herbst. Beim Shiitake gibt es pro Jahr 2 Erntesaisonen, eine im Frühjahr (Mai, Juni) und eine im Spätsommer (August, September). In einem feuchten Sommer kommen die Pilze dann auch oft von selbst.

Shiitake sollte aber trotzdem getaucht werden, da das Tauchen und Aufstampfen die Fruchtkörperbildung zusätzlich unterstützt. Die Holzstämme tragen abhängig von Durchmesser und Pilzart mehrere Jahre (bis zu 5 Jahre) – so lange, bis die Nährstoffreserven verbraucht sind. Hartholz hat mehr Nährstoffreserven und trägt besonders lang (etwa 4–5 Jahre). Weitere Informationen dazu, welche Teile der Kulturpilze zum Verzehr geeignet sind und wie sie verarbeitet werden können, finden Sie im Kapitel „Rezepte und Verarbeitung von Speisepilzen" (→ S. 118).

<table>
<tr><th colspan="5">Die Arbeitsschritte im Pilzgarten im Jahresverlauf</th></tr>
<tr><td colspan="5">Um nicht den Überblick zu verlieren, welche Tätigkeiten im Laufe des Jahres in einem Pilzgarten anfallen, werden diese in der folgenden Tabelle zusammengefasst:</td></tr>
<tr><th>Jahr</th><th>Winter</th><th>Frühling</th><th>Sommer</th><th>Herbst</th></tr>
<tr><td>1. Jahr</td><td>Holzbeschaffung: Winter- oder Frühjahrs-schlägerung</td><td>• Beimpfung: Getreide- oder Dübelbrut besorgen
• 1-metrige Stämme beimpfen
• Frisch beimpftes Holz, abgedeckt in Miete, bis ins nächste Frühjahr lagern</td><td colspan="2">• Durchwachsphase: Pilz wächst ins Holz ein
• Kontrolle: Fraßschäden durch Mäuse</td></tr>
<tr><td rowspan="2">2. Jahr</td><td rowspan="2">Ruhephase

Ernte: Samtfußrüblinge kommen oft schon im ersten Winter nach der Beimpfung</td><td>Mitte April:
Kulturen mit Erdkontakt:
• Klebeband entfernen
• 1-Meter-Stämme dritteln
• mit der Impfstelle nach unten die Stämme 10 cm in Erde eingraben
• die Oberseite mit Moos bedecken

Ende April:
• Shiitake ausmieten
• Klebeband entfernen

Ende Mai:
• 24 Stunden tauchen
• aufstampfen
• auflegen bzw. aufhängen
• gießen und ernten</td><td>Ernte: gelber Austernseitling, Lungenseitling</td><td>Ernte: Stockschwämmchen, Taubenblauer Austernseitling, Shiitake (wieder 24 Stunden ins Wasser tauchen!)

Nach der Ernte: Kulturen mit Erdkontakt eingegraben lassen; Shiitake in Miete lagern</td></tr>
<tr><td colspan="2">Ernte: Shiitake bis September</td><td></td></tr>
<tr><td>3. Jahr</td><td colspan="4">Gleicher Zyklus wie im 2. Jahr (die Stämme bleiben ganzjährig im Freien usw.)</td></tr>
</table>

Erntemonate für Pilze auf Holz

Pilzart/Monate	1	2	3	4	5	6	7	8	9	10	11	12
Shiitake						x		x	x			
Gelber Austernseitling						x	x	x				
Taubenblauer Austernseitling				x	x				x	x		
Lungenseitling						x	x	x				
Winterausternseitling			x	x						x	x	
Heimisches Stockschwämmchen				x	x				x	x		
Nameko									x	x		
Samtfußrübling	x										x	x
Braunkappen						x				x		
Igelstachelbart							x	x				

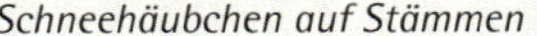

Schneehäubchen auf Stämmen

Stauden, die gut im Pilzgarten gedeihen können

Pilzkulturen als gärtnerische Gestaltungselemente

Pilzkulturen auf Baumstämmen werden seit Neuestem auch als Gestaltungselement in Ziergärten genutzt. Die eingegrabenen Seitlingkulturen werden gerne als formgebende Akzente in Beeten, Rabatten und Hochbeeten verwendet. So können die Pilzstämme für einen zusätzlichen Zierwert im eigenen Garten sorgen. Ob als Kreisformation oder spiralförmig angeordnet, die mit Moos bewachsenen Stämme bringen zu jeder Jahreszeit (selbst im Winter) Abwechslung in den eigenen Garten. Pilzkulturen in Gärten zu integrieren ist nicht nur wegen ihres Speisewertes interessant, sondern auch aufgrund ihre Vorliebe für schattige, feuchte Standorte. So werden scheinbar „nicht nutz-

Kombination von Pilzen mit schattentoleranten Pflanzen	
Feuchter Schatten	**Trockener Schatten**
Funkie (*Hosta*) Wurmfarn (*Dryopteris*)* Prachtspiere (*Astilbe*) Frauenmantel (*Alchemilla*) Schneerose (*Helleborus*) Zwiebeln: Schneeglöckchen (*Galanthus*), Frühlingsknotenblume (*Leucojum*), Schachbrettblume (*Fritillaria*) Storchschnabel (*Geranium*)* Glockenblume (Campanula)* Waldgeißbart (*Aruncus*) Waldmarbel (*Luzula*) Pfefferminze (*Mentha*) Tränendes Herz (*Lamprocapnos*) Hortensie (*Hydrangea*) Efeu (*Hedera*)* Goldnessel (*Lamium*) Akelei (*Aquilegia*)* Gelbe Sumpfschwertlilie (Iris)	Immergrün (*Vinca minor/Vinca major*) Elfenblume (*Epimedium*) Leberblümchen (*Hepatica*) Lungenkraut (*Pulmonaria*) Bergenie (*Bergenia*) Tulpe (*Tulipa*) Anmerkung: An trockenen Standorten ist eventuell auf eine zusätzliche Bewässerung der Pilzstämme zu achten. Je üppiger die Pflanzen wachsen, desto besser kann ein „feuchtes Mikroklima" für die Pilze aufrecht erhalten werden.

* auch für trockenen Schatten geeignet

bare" Plätze wieder zum Lebensraum. Gemeinsam mit schattentoleranten Pflanzen (→ Tabelle links) fühlen sich die Pilze nicht nur wohl, sie sorgen auch für eine lebendige Vielfalt.

Die in der Tabelle angeführten Pflanzenarten werden gerne zur begleitenden Begrünung von Pilzgärten verwendet. Die Arten können in vielerlei Variationen kombiniert werden.

Pflanzenvielfalt für den Pilzgarten

Schattenpflanzungen zeichnen sich durch interessante Blattformen und Blattstrukturen aus, gemeinsam mit einigen ansprechenden Blütenpflanzen erhält man ein harmonisches Pflanzenbeet. Staunasse Böden sind für Pilze und die oben angeführten Pflanzen nicht geeignet. Farne und Gräser bilden das Grundgerüst einer Schattenpflanzung. Die im Frühling blühenden Tulpen wie auch andere Zwiebelpflanzen sorgen für eine abwechslungsreiche Blütenpracht. Goldnessel und Immergrüne bedecken mit ihrem zarten Grün die Bodenoberfläche. Durch Pilzstämme im niedrig-bewachsenen Bereich entstehen ansprechende Akzente.

Pilzporträt Leuchtpilz *(Panellus stipticus)*

Die Stämmchen erfüllen als Wegbegrenzer ebenfalls eine gestalterische Funktion. Ein spannender Pilz, der an dieser Stelle noch erwähnt werden soll, ist der Leuchtpilz (*Panellus stipticus*). Dieser Pilz hat eine erstaunliche Eigenschaft entwickelt, er leuchtet im Dunklen. In unseren heimischen Wäldern leuchten manchmal vom Hallimasch befallene Wurzelstücke. Dieses Phänomen wird als Biolumineszenz bezeichnet und ist auch von den Glühwürmchen bekannt. Für die meisten Beobachter in früherer Zeit war das leuchtende Holz geheimnisvoll und unheimlich und wurde mit Zauberern, Feen und Elfen in Zusammenhang gebracht. Beim *Panellus* leuchten sowohl das Myzel als auch die Fruchtkörper. Interessanterweise leuchtet jedoch nur die amerikanische Art des *Panellus stipticus*.

Leuchtpilz am Tag

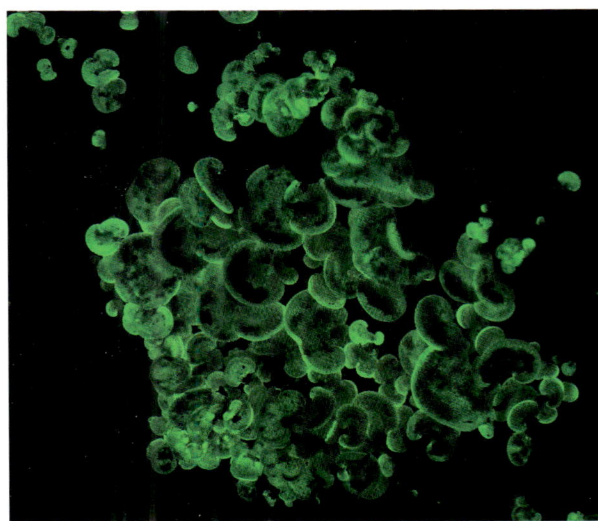

Leuchtpilz in der Nacht

Der europäische *Panellus stipticus* heißt herber Zwergknäueling und leuchtet nicht. Der Pilz dient im Pilzgarten dekorativen Zwecken und ist nicht zum Verzehr geeignet. Er hat eine cremeweiße Farbe und 1–2 cm große, muschelartige Fruchtkörper, die sich am ganzen Stamm verbreiten. Jedes Jahr erscheinen neue Fruchtkörper.

Leuchtpilz *(Panellus stipticus)*	
Empfohlenes Nährmedium: Holz	Birke, Buche, Eiche
Durchmesser des Stammes	Der Leuchtpilz wird üblicherweise auf Stämmen mit einem Durchmesser von 20–25 cm gezogen, die Beimpfung erfolgt auf 1 m langen Baumstämmen mit Dübelbrut
Durchschnittliche Durchwachsphase	• 1–2 Jahre • nach Durchwachsphase: den Stamm dritteln und die Schnittflächen mit Moos bepflanzen
Fruchtkörperbildung	von Sommer bis Herbst
Besonderheiten	• Stämme werden eingegraben • Myzel und Fruchtkörper leuchten • weitere Verwendung: für Hölzer in Terrarien • Pilz ist nicht zum Verzehr geeignet
Dekoratives Element	Lagert man die beimpften Dübel in einem verschließbaren Glas (ohne dieses zu öffnen), bilden sich auch dort Fruchtkörper. In dieser geschützten Atmosphäre kann das Phänomen der Biolumineszenz über mehrere Monate beobachtet werden. Besonders empfehlenswert ist es, das Glas am Nachtkästchen zu platzieren. Die Pilze im Glas unterscheiden sich im Aussehen von denen die auf Baumstämmen wachsen. Ursache dafür ist der höhere CO_2-Gehalt im Glas.

Zaunkonstruktion für Shiitakestämme

Shiitakestämme als Sichtschutz

Shiitakestämme eignen sich hervorragend als Sichtschutz oder zur Abgrenzung unterschiedlicher Bereiche im Garten. Die an einer Holzkonstruktion befestigten 1-metrigen Stämme können in beliebigen Abständen über dem Boden hängen. Ein Minimalabstand von 7 cm zwischen den Stämmen ist zu empfehlen, da die Shiitakes seitlich aus dem Stamm wachsen und entsprechend Platz dafür brauchen.

Unser Tipp: Mit einem geeigneten Bohrer werden die Stämme mit einem Loch versehen und mit einer Schnur (z.B.: eine Wäscheleine mit Drahtkern) an der Konstruktion befestigt. Am einfachsten ist es, auch in den Trägerpfosten im Abstand von etwa 25 cm Löcher zu bohren. Die Schnur wird dann durch das Loch gezogen und mit einem 1–1 1/2 cm dicken sowie 4 cm langen Rundstab fixiert (→ Abbildung links). Zum Tauchen lassen sich die Stämme einfach entfernen und später wieder bequem aufhängen. Legt man Wert auf

Dekoratives Gestaltungselement im eigenen Garten ...

... sorgt für besondere Einblicke

ein einheitliches Bild, sollten Stämme mit gleichem Durchmesser gewählt werden.

Die Gestaltung eines individuellen, lebendigen und gepflegten Pilz-Ziergartens bereitet viele Jahre Freude.

Pilze auf Stroh

Die Beimpfung von Strohballen mit Pilzbrut ist eine optimale Ergänzung zum Anbau von Speisepilzen auf Holz. Durch die schnelle Besiedelung des Strohsubstrats kann man noch im selben Jahr mit Pilzen rechnen. Wenn ein Pilzgarten neu angelegt wird, können Stroh und Holzstämme gemeinsam beimpft werden. Während sich die Pilzstämme noch in der Durchwachsphase befinden, können vom Strohsubstrat bereits die ersten Pilze geerntet werden. Diese Anlage bringt etwa 4 Monate lang Ertrag, danach muss ein neuer Strohballen beimpft werden, da die Nährstoffe verbraucht sind.

Voraussetzungen für die Kulturen auf Stroh

Eine Anlage im Garten ist zu empfehlen. Der Platz sollte dabei so gewählt werden, dass dieser leicht zugänglich ist und gut bewässert werden kann. Ein schattiges, feuchtes Mikroklima muss gegeben sein. Allgemein gelten die gleichen Standortbedingungen wie beim Anbau auf Holz. Der Strohballen wird auf den Erdboden gelegt, denn auch hier verbindet sich das Pilzmyzel mit dem Erdreich. Ist der Platz zu windig oder zu kalt, wächst das Myzel nur langsam in das Stroh oder der Strohballen trocknet aus. Unter Laubbäumen oder entlang von Sträuchern herrschen meist gute Wachstumsbedingungen. Ein Frühbeet oder Gewächshaus kann auch zur Anlage verwendet werden, jedoch muss hier für ausreichend Schatten gesorgt werden. Das Temperaturmaximum darf nicht überschritten werden – steigen die Temperaturen über 30 °C im Inneren des Strohballens, beginnt das Myzel abzusterben.

Eine Vielzahl von ausgezeichneten Speisepilzen besiedelt Stroh, wie z.B. der Kulturträuschling (*Stropharia rugoso annulata*), auch bekannt als Braunkappe. Beliebt sind auch die unterschiedlichen Seitlinge wie der Rosa Seitling, Gelber Austernseitling, Taubenblauer Austernseitling und Lungenseitling. Für jede Pilzart gibt es ein Temperaturoptimum welches bei der Auswahl des favorisierten Pilzes beachtet werden sollte. Myzel wächst etwa ab einer Temperatur von 5°–30 °C, für Pilze

Pilzanbau auf Holz oder Stroh?

Die folgende Tabelle listet die wichtigsten Vor- und Nachteile der unterschiedlichen Substrate auf:

	Vorteile	Nachteile
Holz	große Nährstoffreserve bei Holz mehrere Jahre Ernte meist keine Konkurrenz durch andere Organismen, da frisch angeschnittenes Holz innen keimfrei ist Überwinterung im Garten kein Problem	lange Durchwachsphase (ca. 1–2 Jahre)
Stroh	schnelles Durchwachsen einfaches Beimpfen Einmischen der Pilzbrut ist unkompliziert wenige Monate nach der Beimpfung ist Ernte möglich nach dem Abernten der Pilze – kann Stroh im Kompost weiterverwertet werden	Gefahr der Austrocknung Konkurrenz durch im Stroh vorhandene Keime Unterschlupf und Brutplatz für Schnecken Befeuchtung und Vergärung von Strohballen ist langwierig

Frisch beimpfter Strohballen

Foto: Walter Haidvogl

Mini-Braunkappen

die im Sommer fruchten sind 25 °C optimal. Entscheidet man sich für den Taubenblauen Austernseitling (Herbst- und Frühjahrspilz), reicht zur Fruchtkörperbildung eine Temperatur von 5–15 °C aus. Beimpft wird entweder im Frühjahr (Ernte im selben Jahr) oder im Herbst (Ernte im nächsten Jahr).

Strohqualität

Die Qualität des Strohs ist ein ausschlaggebender Faktor für eine erfolgreiche Besiedelung. Das Stroh darf nicht mit Fungiziden behandelt sein, denn das könnte sich negativ auf den Ertrag und die Qualität der Pilze auswirken. Eine weitere wichtige Voraussetzung ist deshalb die Anschaffung von gesundem biologischem Stroh vom Bauern. Es gibt einige Qualitätsmerkmale die beim Kauf berücksichtig werden müssen. Gesundes Stroh hat eine goldgelbe bis goldbraune Farbe. Die Halme lassen sich nur schwierig zerreißen und sind fest. Im Stroh darf der Anteil an krautigen Pflanzen (Beikräuter im Getreide) nicht hoch sein, da es sonst vermehrt zu Schimmelbildung kommen kann. Schimmliges oder altes Stroh darf nicht verwendet werden, meist hat es einen unangenehmen Geruch und weist grau-schwarz verfärbte

Stellen auf. Die Ballen haben etwa ein Gewicht von 10–15 kg. Weizen, Roggen oder Gerstenstroh kann zur Beimpfung verwendet werden. Haferstroh eignet sich aufgrund der Struktur weniger gut. Bei der Verwendung von hochdruckgepressten Ballen können höhere Erträge erwartet werden. Beim Kauf ist darauf zu achten, dass das Stroh vorher trocken gelagert wurde.

Unser Tipp: Im Spätsommer kann man sich am einfachsten um eine Bezugsquelle umsehen, die Verfügbarkeit ist dann noch gegeben und die Qualität – wie z.B. die richtige Lagerung – kann selbst mitbestimmt werden.

Vorbereitung des Strohsubstrat für Kulturträuschlinge

Vor dem Impfen müssen die Strohballen ausreichend gewässert werden. Ohne diesen Schritt kann das Myzel nicht in das Substrat einwachsen. Es bieten sich hierzu mehrere Methoden an:

- Der Ballen wird als Ganzes in einer Regentonne oder in einem großen Behälter in Wasser getaucht. Dabei wird er mit einem schweren Gegenstand beschwert, damit er vollständig unter Wasser ist. Der Strohballen verbleibt nun ca. 48 Stunden im Behältnis. Wichtig: Der Bottich sollte unbedingt in unmittelbarer Nähe zum Endstandort aufgestellt werden, da sich das Substrat stark mit Wasser ansaugt und später um ein Vielfaches mehr wiegt. Wenn möglich, sollte das Wasser 1–2-mal ausgetauscht werden.
- Als zweite Option kann man das Stroh auch noch mit Gießkanne oder Gartenschlauch bewässern. Leider ist diese Bewässerungsmethode etwas aufwendiger. Es muss mehrmals pro Tag gegossen werden, insgesamt über 4–6 Tage. Der optimale Feuchtigkeitsgrad ist erreicht, wenn auch das Innere des Ballens gut feucht ist und das Wasser unter dem Ballen herausläuft. Es können auch einige Halme aus dem Inneren entnommen werden. Wenn man sie zusammendrückt und sich dabei einige Wassertropfen bilden, ist ausreichend bewässert worden.

Unser Tipp: Stroh hat eine natürlich wasserabweisende Wachsschicht, dadurch benötigt es mehr Zeit, den Ballen zu befeuchten. Wenn heißes Wasser vor den Tauchen bzw. Gießen über den Ballen geschüttet wird, beschleunigt das den Prozess. Wenn kein Warmwasser zur Verfügung steht, muss wie oben angegeben länger bewässert werden.

Die Beimpfung mit Kulturträuschlingbrut

Nach dem Tauchen muss der Ballen noch einen Tag abtropfen. So verliert er das überschüssige Wasser und es kann im Anschluss beimpft werden. Entsprechende Arbeitskleidung ist hierfür zu empfehlen, da nasses Stroh Flecken machen kann. Zur Beimpfung des Substrats werden nun Löcher in das Stroh gebohrt und diese mit Pilzbrut befüllt. Zum Vorbohren kann ein Pflanzstab, das Ende eines Besenstiels oder ein ähnlich spitzes Werkzeug verwendet werden. Die Löcher sollten etwa im Abstand von 10–15 cm und ca. 15 cm tief von oben in den Ballen gestochen werden, und sie sollten gleichmäßig verteilt sein.

Beimpfung mit Getreidebrut

Unser Tipp: im Handel sind Getreidebrut oder Strohbrut (Durchwachsenes Strohsubstrat) erhältlich. Bei Kulturträuschlingen hat es sich bewährt mit Strohbrut zu beimpfen. Sie hat den Vorteil, dass der Pilz schon an die Zusammensetzung des Endsubstrats adaptiert ist. Somit wächst die Brut schneller und mit höherer Ertragssicherheit ein. Für die Kultivierung von Seitlingen kann Getreidebrut verwendet werden.

Eine 2-Liter-Brut reicht etwa für 2 Strohballen. Bevor die Getreidebrut geöffnet wird, sollte man sie im Sack noch etwas zerkleinern. Dazu wird der Beutel etwas zusammengedrückt, so dass die Brut in kleinere Brocken zerfällt. So fällt das Impfen dann leichter. Die Brut wird nun mit sauberen Händen in die Löcher gefüllt, ein Löffel kann hier auch recht gute Dienste leisten. Die Brut sollte möglichst tief in das Loch eingefüllt werden – falls nötig, kann sie auch mit einem abgerundeten Holzstück vorsichtig hineingedrückt werden. Die Löcher werden nicht bis oben hin befüllt, da sie später mit Stroh verschlossen werden. Am einfachsten schließen sich die Löcher, wenn man leicht auf dem Ballen herumsteigt. Beimpft man im späteren Frühjahr, ist das gute Verschließen besonders wichtig. Das Myzel muss möglichst geschützt vor äußeren Einflüssen einwachsen können. Wird im Herbst oder im zeitigen Frühjahr beimpft, so sind weniger Schädlinge zu erwarten. Daher werden diese Zeiträume zur Beimpfung empfohlen.

Durchwachsphase

Der Strohballen verbleibt während der Durchwachsphase im Garten. Bei starkem und über mehrere Tage anhaltenden Regen muss der Ballen mit einer Folie bedeckt werden. Denn wenn sich das Substrat zusätzlich mit Wasser ansaugt, wirkt sich das negativ auf das Myzelwachstum aus. Die Monate September bis Oktober eignen sich für eine Herbstanlage. Später kann nicht garantiert werden, dass das Pilzmyzel noch gut in das Stroh einwachsen kann. In Regionen mit rauem Klima kann das Substrat mit Falllaub zugedeckt werden. Ist das Myzel einmal ausreichend in den Ballen eingewachsen, schadet Frost der Kultur nicht mehr.

Wenn eine Frühjahrsbeimpfung angestrebt wird, sollte auf die richtige Feuchtigkeit des Strohballens geachtet werden. Wie schon erwähnt, ist zu viel Wasser aber auch nicht förderlich für das Myzelwachstum. Es erfordert somit etwas Gefühl und Erfahrung, um die richtigen Bedingungen zu schaffen. Bei zu starker Sonneneinstrahlung kann auch ein Schattendach über der Kultur aufgebaut werden. Im Sommer sollte alle 4–5 Tage mit einer Gießkanne bewässert werden – an einem schattigen Platz reicht es, alle 7–8 Tage die Strohballen zu befeuchten.

Besiedlungserfolg kontrollieren

Etwa 3–4 Monate nach einer Frühjahrsbeimpfung ist das Myzel gut ins Stroh eingewachsen. Im Inneren des Strohballens wird nun ein weißes Pilzgeflecht sichtbar. Es hat einen angenehmen Pilzgeruch. Auch wenn einige kleine Schimmelstellen zu sehen sind, kann sich das Kulturträuschlingmyzel trotzdem durchsetzen.

Das Stroh ist bereits vom Myzel durchwachsen

Mögliche Ursachen bei Ernteausfall:

- Das Stroh wurde vor der Beimpfung nicht ausreichend bewässert
- Das Stroh war schon im Vorhinein stark verkeimt (Schimmelbildung)
- tierische Schädlinge (Schnecken, Milben)
- Staunässe
- Es wurde zu wenig Pilzbrut verwendet
- Es wurde zu intensiv gegossen (das Myzel stirbt ab)

Falls keiner dieser Faktoren zutrifft, kann versucht werden, den Strohballen mit Erde (50 % Torf, 50 % Gartenerde) abzudecken. Die Erde wird zunächst etwas befeuchtet und anschließend zirka 4 cm dick auf die Ballen aufgetragen. Nach 4 Wochen sollten sich Fruchtkörper gebildet haben.

Frühbeete können ebenfalls zur Kultivierung verwendet werden

Kulturträuschling mit Deckschicht

Ernte

Bei einer Herbstbeimpfung kann im darauffolgenden Jahr ab Mai oder Juni mit den ersten Kulturträuschlingen gerechnet werden. Abhängig von Witterung, Temperatur und Besiedlungserfolg kann in einem zeitigen, milden Frühjahr eine frühere Ernte erwartet werden. Wird im Frühjahr (April, März) beimpft, benötigt das Myzel etwa 2–4 Monate, um das Stroh zu durchwachsen. Unter 10 °C werden keine Fruchtkörper gebildet. Die ideale Temperatur liegt ca. bei 20 °C. Eine Eigenheit der Kulturträuschlinge ist es, dass sie völlig unbemerkt im Stroh wachsen und erst als erntereifer Pilz zum Vorschein kommen. Meist gibt es mehrere Erntephasen – die Pilze reifen in Schüben heran.

Idealerweise werden die Pilze geerntet, wenn der Hut noch weitgehend geschlossen ist. Dabei werden sie vorsichtig herausgedreht und nicht herausgeschnitten. Es kann vorkommen, dass die Pilze unscheinbar im Stroh versteckt bleiben, deshalb sollten Sie also lieber einmal genauer schauen. Der Strohballen kann dazu mit den Händen abgetastet werden. Das Myzel wächst auch in die Erde ein, die Pilze können daher ebenfalls aus dem nahegelegenen Erdreich herauswachsen.

Vorsicht Schnecken! Die unbeliebten Zeitgenossen können sich an den schmackhaften Pilzen vergreifen. Sie verstecken sich im Stroh und fressen an den Pilzen. Zum Schutz der Pilzchen kann deshalb auch ein Schneckenzaun errichtet werden. Von chemischen Schädlingsbekämpfungsmitteln ist stark abzuraten.

Sobald die erste Ernteperiode beginnt, hält man das Stroh etwas feucht. Gegossen wird mit einer Gießkanne, wenn die Oberfläche des Strohs (min. 2 cm ins Innere) trocken ist. Es dürfen nach der Ernte keine Pilzreste am Stroh bleiben, denn dies zieht Pilzmücken und andere Schädlinge an.

Nach mehreren Erntewellen ist das Substrat erschöpft und es sind keine Pilze mehr zu erwarten. Kennzeichen dafür ist das starke Zusammensacken des Strohballens. Wenn eine neue Kultur

Arbeitsschritte im Jahresverlauf für Strohkulturen				
	Frühling	**Sommer**	**Herbst**	**Winter**
1. Jahr	Anlage: Frühjahrsbeimpfung (März, April) Stroh besorgen Pilzbrut bestellen	Ernte: Kulturträuschling, Gelber Austernseitling, Rosa Seitling Sobald erste Pilze gebildet werden, feucht halten Schneckenkontrolle	Anlage: Herbstbeimpfung (September, Oktober), Ernte: Taubenblauer Austernseitling Durchwachszeit: bei starkem Frost mit Falllaub bedecken bei Starkregen mit Folie abdecken	Strohballen bleiben draußen, Winterruhe
2. Jahr	Besiedelungserfolg kontrollieren	ab Mai–Juni: Ernte der Pilze (Herbstbeimpfung) Sobald erste Pilze gebildet werden, feucht halten Schneckenkontrolle	Ernte: (Winterausternseitling, Taubenblauer Austernseitling) Entfernen des alten Strohballens – Verwendung für Kompost, Gemüsebeet etc.	

angelegt werden soll, muss das alte Substrat zur Gänze vom Anlageort entfernt werden. Es kann kompostiert oder direkt in den Boden eines Gemüsebeets eingemischt werden.

Die Beimpfung von Strohballen ist eine ideale Ergänzung zur Kultivierung von Baumstämmen.

Seitlinge auf Strohsubstrat

Vorbereitung des Strohsubstrats

Nicht nur der Kulturträuschling, sondern auch Seitlinge (*Pleurotus*) gedeihen prächtig auf Stroh. Die Standortbedingungen sind die gleichen: ein schattiger, windgeschützter Ort ist zu bevorzugen.

Die Besonderheit beim Anbau von Seitlingen ist die Anlage der Kultur. Der Strohballen wird dazu in einen Behälter mit Wasser getaucht und verbleibt dort insgesamt 10 Tage, ohne dass das Wasser gewechselt wird. Der Ballen muss vollkommen untergetaucht sein und wird am besten mit einem Stein beschwert. Durch diese Bewässerungsmethode wird das Stroh einem Fermentationsprozess unterzogen, was die schädliche Keimflora unterdrückt und den pH-Wert senkt. Das entstandene saure Milieu erleichtert die Besiedlung des Kulturpilzes. Die durchschnittliche Außentemperatur soll idealerweise 20 °C betragen, damit das Myzel der Seitlinge in das Stroh einwachsen kann.

Nach dem Fermentieren lässt man den Ballen für mindestens 24 Stunden abtropfen. Das überschüssige Wasser soll abfließen. Durch den Gärungsprozess des Strohs kann es zu einer etwas intensiven Geruchsbildung kommen. Dies ist aber auch ein Zeichen für eine erfolgreiche Fermentation. Der Strohballen wird anschließend mit Pilzbrut beimpft (→ Die Beimpfung mit Kulturträuschlingbrut S. 37)

Arbeitsschritte im Überblick:

- Ballen 10 Tage tauchen
- mindestens 24 Stunden abtropfen lassen
- Getreidepilzbrut besorgen
- Beimpfung des Strohballens (Löcher stechen, 15 Löcher pro Ballen): zerkleinerte Pilzbrut in Löcher füllen (sauber arbeiten) und diese anschließend durch Festtreten des Strohs verschließen
- Durchwachsphase

Durchwachsphase und Zeitpunkt der Anlage

Bei der Anlage im Frühjahr muss bei trockenem warmen Wetter vermehrt auf die Feuchtigkeit

Durchwachsphase und Zeitpunkt der Anlage		
Der ideale Zeitpunkt der Kulturanlage hängt von der gewählten Pilzsorte ab. In der Tabelle werden die möglichen Anlagezeitpunkte und Erntezeiten aufgelistet.		
Pilzsorte	**Möglicher Anlagezeitpunkt**	**Erntezeit**
Gelber Austernseitling	Herbst, Frühjahr	Mai–August
Rosa Seitling	Frühjahr	Juni–August
Taubenblauer Austernseitling	Herbst, Frühjahr	April–Mai/September–Oktober
Lungenseitling	Frühjahr	Juni–August
Ulmenseitling	Frühjahr	Mai–August

geachtet werden. Die Faustregel für die Bewässerung lautet: Wenn 2 cm der Oberfläche nach innen hin trocken sind, wird gewässert – bis zu 1 l pro Strohballen reicht dafür völlig aus.

Das Bewässern dient während der Durchwachsphase und in der Erntezeit nur zur Befeuchtung der Oberfläche. Das Innere des Ballens ist durch den einmaligen Tauchvorgang ausreichend nass. Bei sehr heißem Wetter kann durchaus mit weniger Wasser, aber dafür mehrmals gegossen werden. Durch die unterschiedlichen Witterungsbedingungen kann das Wachstum der Pilze gehemmt oder begünstigt werden.

Bei Rosa Seitling, Gelbem Austernseitling und Ulmenseitling kann ein kleiner Folientunnel über dem Ballen errichtet werden. Auf diese Weise verbessert sich das Mikroklima, das Myzel wächst schneller und der Ertrag kann gesteigert werden. Für ausreichend Frischluftzufuhr ist aber trotzdem zu sorgen. Die Optimaltemperatur liegt bei 20–24 °C. Wenn die Temperatur im Inneren des Ballens über 30 °C steigt, stirbt das Myzel ab. Die Feuchtigkeit sollte immer wieder überprüft werden. Seitlinge sind in ihrer Entwicklung gut zu beobachten. Die Pilzansätze werden jedoch auch leichter – meist über Nacht – von Schnecken abgefressen. Deshalb ist auch hier ein Schneckenzaun ratsam.

Versuchsfläche mit unterschiedlichen Kultursubstraten (Strohballen, gehäckseltes Stroh, Stroh mit Hackschnitzelschicht)

Ernte

Seitlinge wachsen in Büscheln heran. Beim Ernten wird immer das ganz Büschel abgeschnitten, da die Nährstoffversorgung der Fruchtkörper zusammenhängt. Nimmt man nur große Pilze aus dem Verbund, sterben die kleineren ab. Der Hutrand ist im Idealfall noch etwas nach innen geneigt. Junge Seitlinge sind besser im Geschmack und haben einen festeren Biss. Es wird deshalb nicht empfohlen, die Pilze überreif zu verkochen.

Unser Tipp: Die Pilze können im Kühlschrank bis zu 3 Tage gelagert werden. Oft bildet sich bei der Lagerung ein Myzelbelag auf der Hutoberfläche, d.h., der Pilz lebt quasi noch eine Zeit weiter. Die Pilze können trotzdem verzehrt werden. Sie werden an der Stielbasis abgeschnitten und eventuelle Reste vom Substrat sollten entfernt werden.

Die Seitlinge fruchten in mehreren Erntewellen über 3–4 Monate, Pausen von 3–5 Wochen sind dabei durchaus zu erwarten. Der Taubenblaue Austernseitling fruchtet im Temperaturbereich von 5–18 °C. Frost schadet den Pilzen nicht – die Fruchtkörper frieren zwar ein, wachsen dann aber bei wärmerer Witterung einfach weiter.

Wenn der Strohballen nach der Erntesaison zusammengesackt ist, wird er entsorgt. Das Substrat ergibt anschließend einen wunderbaren Kompostzusatz oder kann ins Gemüsebeet eingearbeitet werden.

Shiitake

Pilzporträts

Shiitake (*Lentinus edodes*)

Dieser Pilz ist in Asien beheimatet und wurde von buddhistischen Mönchen vor ungefähr 500 Jahren nach Japan gebracht. In Japan wurde die Kultivierung verfeinert und kam schließlich auch nach Amerika und Europa. In der Traditionellen Chinesischen Medizin (TCM) ist er ein bedeutender Heilpilz. Zusätzlich ist er ein wunderbarer Speisepilz und kann vielseitig verarbeitet werden.

Seine Hutfarbe reicht von hell- bis dunkelbraun. Der Stiel ist zäh, kann jedoch getrocknet als Pilzpulver verwertet werden. Das weiße Pilzfleisch hat eine feste Konsistenz. Der Shiitake besitzt einen unverwechselbaren aromatischen Geschmack und Geruch.

Shiitake	
Empfohlenes Nährmedium: Holz	Rotbuche, Hainbuche, Eiche, Birke
Durchmesser des Stammes	Der Shiitake wird üblicherweise auf 1 m langen Stämmen mit einem Durchmesser von 8 bis maximal 15 cm angeimpft
Durchschnittliche Durchwachsphase	Beimpfung mit Getreidebrut: • bei Schnittimpfmethode oder Bohrlochmethode – 1 Jahr • bei Dübelbeimpfung – bis zu 2 Jahre
Ernte	• Juni–Juli; September • bildet mehrere Jahre Fruchtkörper
Besonderheiten	• vor der Ernte für 24 Stunden in Wasser tauchen • kein Erdkontakt
Kulinarisches Profil	Der Shiitake ist ein festfleischiger Pilz mit einem feinen Pilzgeruch und kann in der Küche vielseitig verwendet werden (→ Rezepte und Verarbeitung von Speisepilzen S. 118)

Seitlinge (*Pleurotus*)

Die Seitlinge gehört zu einer Pilzgattung mit einer großen Anzahl unterschiedlicher Arten. Fast allen ist gemeinsam, dass sie sich einfach züchten lassen. Interessant ist auch, dass sie beim Substrat nicht wählerisch sind – so kann man sie auf Holz, Stroh oder Holzhackschnitzeln züchten. Wird ein Seitling auf Holz kultiviert, braucht dieser Erdkontakt. Bei der Beimpfung von Strohballen oder Strohpellets muss das Substrat zuerst fermentiert werden.

Winterausternseitling

Gelber Austernseitling

Taubenblauer Austernseitling

Rosa Austernseitling

Gelber Austernseitling (Rillstieliger Austernseitling – *Pleurotus cornucopiae*)

Er fruchtet im Sommer meist mehrmals und ist ein aromatischer Pilz. Der Gelbe Austernseitling bildet Büschel, welche von einem Stiel ausgehen, und kann eine beträchtliche Größe erreichen. Seine gelbe Farbe ähnelt den Eierschwammerln und ist daher auch ein Genuss für das Auge. Ein Nachteil ist, dass die Schnecken den Seitling ebenfalls sehr lieben. Daher gilt: für ausreichend Schneckenschutz sorgen.

Taubenblauer Austernseitling (*Pleurotus columbinus*)

Dieser Pilz fruchtet schon im zeitigen Frühjahr (März, April) und nochmals im Herbst. Fröste schaden ihm nicht, denn sobald es wieder wärmer wird, wachsen die Fruchtkörper einfach weiter. Im Biss ist der Taubenblaue Austernpilz etwas festfleischiger als beispielsweise der Lungenseitling. In der Küche ist er wegen seinem nussigen Aroma durchaus beliebt. Des Weiteren kann er, wie auch andere Seitlinge, zur biologischen Rodung von Baumstümpfen verwendet werden (→ Beimpfung von Stubben S. 75). Im Aussehen variiert er von hellgrau bis bläulich-dunkelgrau.

Winterausternseitling (*Pleurotus ostreatus*)

Beheimatet ist dieser vor allem in Laubwäldern, wo er sich auf abgestorbenen Bäumen oder Stubben ansiedelt. Wie der Name schon sagt, ist auch er durch sein zeitiges Erscheinen bei Temperaturen von 4–15 °C äußerst beliebt. Winterausternseitlinge können weißlich-hellbraun bis graubraun gefärbt sein. Durch diesen Pilz wird es möglich, das ganze Jahr über Pilze im Garten zu ernten.

Lungenseitling (*Pleurotus pulmonarius*)

Ein weiterer Pilz aus dieser Gattung ist der Lungenseitling. Er wächst auf Laubholz vom Frühling bis in den Herbst. Sein Hut wird 3–8 cm groß, ist am Rand oft eingebogen und hat Eindellungen. Die Farbe ist weiß bis graubräunlich. Der Pilz ist zartfleischig und duftet charakteristisch nach Anis.

Rosa Austernseitling (*Pleurotus salmoneo-stramineus*)

Alleine wegen seinem kräftig rosa gefärbten Aussehen ist dieser Pilz eine Bereicherung für den

Gelber Austernseitling, Taubenblauer Austernseitling, Winteraustemseitling, Lungenseitling	
Empfohlenes Nährmedium: Holz	Rotbuche, Hainbuche, Birke, Erle, Ahorn
Durchmesser des Stammes	• Seitlinge werden üblicherweise auf Stämmen mit einem Durchmesser von 20–35 cm gezogen • Am einfachsten ist die Beimpfung von 1 m langen Baumstämmen. Nach der Durchwachsphase werden diese gedrittelt
Durchschnittliche Durchwachsphase	• 1–2 Jahre • Beimpfung mit Getreidebrut oder Dübelbrut
Ernte	• Gelber Austernseitling: mehrmals im Sommer • Taubenblauer Austernseitling: fruchtet im Herbst und Frühjahr • Winteraustemseitling: später Herbst, zeitiges Frühjahr • Lungenseitling: mehrmals im Sommer
Besonderheiten	• Die Stämme werden nach der Durchwachsphase gedrittelt und zirka 10 cm eingegraben. • Bevor Fruchtkörper erscheinen können, muss der Pilz ein Erdmyzel ausgebildet haben. • Oft wachsen die Pilze auch aus der Kontaktzone zwischen Holz und Erde. • Schneckenschutz bei Sommerarten nicht vergessen
Kulinarisches Profil	Seitlinge eignen sich gut zum Braten und in Pilzsaucen. Es ist günstig, sie klein zu ernten und nur die Hüte zu verwenden.

Rosa Seitling, Ulmenseitling, Kräuterseitling		
Empfohlenes Nährmedium	**Rosa Seitlinge, Ulmenseitling**	**Kräuterseitlinge**
	Stroh, Strohpellets, Fertigsubstrate	Fertigsubstrat
Ansprüche an die Umgebung	• Das Stroh muss vor der Beimpfung einem Fermentationsprozess unterzogen werden • Kulturen können im Garten angelegt werden (Sommer)	• hohe Luftfeuchtigkeit muss gegeben sein • Substrat 2-mal täglich befeuchten • für den Anbau im Haus/ Mini-Gewächshaus
Ernte	• Frühjahr bis Herbst, abhängig von Anlagezeitpunkt • über 1 Jahr verteilt, mehrere Ernteperioden	Sobald das Substrat aufgeschnitten wird, entwickeln sich in den darauffolgenden Wochen (max. 3 Wochen) laufend Fruchtkörper
Besonderheiten	Rosa Seitling: benötigt warmes, feuchtes Mikroklima	bildet sehr viele Pilze wachsen sehr rasch
Kulinarisches Profil	• Rosa Seitling: kräftiges Aroma, färbt sich beim Kochen orangebraun • Ulmenseitling: feiner Geschmack, gut für Saucen geeignet	fein würzig im Geschmack, fester Biss

Ulmenseitling

Kräuterseitling

Anbau im Garten oder Haus. Eine Kultivierung auf Stroh ist zu empfehlen (→ auch Pilze auf Stroh S. 35). Auf Holz siedelt sich dieser Pilze nur schwer an. Er ist in tropischen und subtropischen Gebieten beheimatet, seine Ansprüche (hohe Luftfeuchtigkeit, warme Temperaturen) sind bei der Kultivierung zu berücksichtigen. Der Pilz verzeichnet außerdem ein extrem schnelles Myzelwachstum, wodurch er – wie der Gelbe Austernseitling – gute Erträge bringt.

Ulmenseitling (Ulmenrasling – *Hypsizygus ulmarius*)

Durch seinen Namen kommt es des Öfteren zu Verwirrungen, da der Ulmenseitling nicht zur Gattung der *Pleurotus* gehört, sondern zu den Holzraslingen. Leider ist er in unseren Klimazonen selten geworden, man findet ihn auf Laubbäumen wie Ulmen oder Buchen. Der Habitus und Geschmack des Pilzes ähnelt den Seitlingen. Er ist weiß-grau bis leicht hellbraun gefärbt und ist feinfleischig. Kultiviert wird er am besten auf Strohsubstraten.

Kräuterseitling (*Pleurotus eryngii*)

Geschmacklich ist der Kräuterseitling eine Delikatesse. Seine Fruchtkörper haben oft ein etwas skurriles Aussehen, da der Hut verschwindend klein sein kann. Im Gegensatz zu anderen Seitlingen kann beim Kräuterseitling auch der Stiel verzehrt werden.

In der kommerziellen Produktion kann durch Temperatur, Feuchtigkeit und CO_2-Gehalt die Gestalt des Pilzes mitbestimmt werden. In der Kulturführung ist dieser Pilz aufwändig und benötigt eine ganz spezielle Substratzusammensetzung. Jeder Hersteller hat sein eigenes Rezept, das meist nicht so gerne verraten wird. Im Fachhandel sind Fertigsubstrate erhältlich, die durchaus gute Erträge liefern. Der Anbau im Haus wird empfohlen. Weitere Informationen zur Kultivierung von Kräuterseitlingen finden Sie im Kapitel „Standort Haus und Keller" (→ S. 56).

Heimisches Stockschwämmchen (*Kuehneromyces mutabilis*), Nameko (*Pholiota nameko*)

Für viele Pilzliebhaber zählt das heimische Stockschwämmchen zu den schmackhaftesten Pilzen. Es wächst in Büscheln, die Stiele sind an der Basis zusammengewachsen. Das Stockschwämmchen hat einen aromatischen Pilzgeruch, welcher ganz typisch ist. Wird es in der Natur gefunden, sollte man es schon sehr gut kennen, da es Verwechslungsmöglichkeiten mit giftigen Doppelgängern gibt.

Das Stockschwämmchen verwertet das Holz besonders lang und die Pilze wachsen oft auch aus der Erde rund um die Stämme. Interessanterweise wird es von Schnecken verschont.

Lungenseitling

Stockschwämmchen

Rauchblättriger Schwefelkopf

Rauchblättriger Schwefelkopf (*Hypholoma capnoides*)

Der rauchblättrige Schwefelkopf ist ein Herbstpilz. Er wächst von September bis Dezember, manchmal auch im Frühjahr. Seine Fruchtkörper wachsen büschelig und gelegentlich auch vom Totholz direkt aus der Erde. Die Farbe des Hutes variiert von blassgelb über braungelb bis ocker. Charakteristisch ist auch die Farbe der Lamellen, bei schon ausgewachsenen Exemplaren rauchgrau bis grauviolett. Interessant für den Pilzanbau wird der rauchblättrige Schwefelkopf nicht nur durch sein mildes Aroma, sondern auch wegen seinem bevorzugten Nährmedium, den Nadelbäumen. In der Natur kann er mit dem ungenießbaren grünblättrigen Schwefelkopf verwechselt werden, dieser ist aber sehr bitter.

Samtfußrübling/Enoki (jap.) (*Falmmulina velutipes*)

Der Samtfußrübling ist ein Pilz, der vor allem im Winter fruchtet. Somit ist er eine wunderbare Ergänzung für jeden Pilzgarten. Er hat ein gelbe bis honigbraune Farbe und wächst häufig in Büscheln. In Laubwäldern besiedelt er gerne Weidenstubben. Bei feuchter Witterung hat er eine nasse bis schleimige Oberfläche. In Japan wird der Pilz als Flaschenkultur angebaut. Der Enoki hat im Gegensatz zur heimischen Art eine weiße Hutfarbe. In Suppen oder angebraten haben die Pilze einen würzigen Geschmack und einen angenehmen Biss.

Kulturträuschling/Braunkappe (*Stropharia rugoso-annulata*)

Der Kulturträuschling ist in Europa sowie auch in Teilen Nordamerikas und Japan heimisch. Seine Hutfarbe ist meist rot-bräunlich, der Stiel ist auffallend zur Basis hin verdickt. Im Volksmund ist er auch bekannt als Braunkappe. Kultiviert wird er am besten auf Strohballen, wobei diese nicht fermentiert werden müssen. Der beimpfte Strohballen muss in Verbindung mit dem Erdboden sein, da die Braunkappen ein starkes Erdmyzel ausbilden und nur so Pilze geerntet werden können.

Die Pilze wachsen recht unentdeckt, und erscheinen meist mit vollständig ausgewachsenen Fruchtkörpern. Sie werden aus dem Substrat herausgedreht und etwaige Pilzreste werden vom Substrat entfernt, da sonst Schnecken und Pilzmücken angelockt werden. Kulinarisch ist der Kulturträuschling eine Bereicherung für den Speiseplan. Er sollte eher klein geerntet werden.

Stockschwämmchen, Nameko	
Empfohlenes Nährmedium: Holz	Birke, Buche, Eiche, Ahorn, Weide, Erle (die ersten 3 Baumarten sind auch für Nameko geeignet)
Durchmesser des Stammes	• Das Stockschwämmchen wird üblicherweise auf Stämmen mit einem Durchmesser von 25–35 cm gezogen • Beimpfung von 1 m langen Baumstämmen
Durchschnittliche Durchwachsphase	• 1–2 Jahre (Getreidebrut) • Bohrlochmethode oder Dübelbeimpfung wird empfohlen • Nach Durchwachsphase: Stamm dritteln (→ Austernseitlinge S. 44)
Ernte	Frühjahr und Herbst (Nameko nur im Herbst)
Besonderheiten	• Stämme werden eingegraben • längere Durchwachszeit • Pilz bei Schnecken nicht beliebt • Erdmyzel muss ausgebildet sein, bevor Pilze erscheinen
Kulinarisches Profil	• heimisches Stockschwämmchen: ein ganz vorzüglicher Suppenpilz; verwendet werden nur die Hüte • Nameko: entfaltet würziges Aroma beim Anbraten und ist gut geeignet für Suppen

Rauchblättriger Schwefelkopf	
Empfohlenes Nährmedium: Holz	Fichte
Durchmesser des Stammes	• Der Pilz wird üblicherweise auf Stämmen mit einem Durchmesser von 25–35 cm gezogen • Beimpfung von 1 m langen Baumstämmen • Dübelbeimpfung (Pilz wächst auf Fichtendübel) oder Bohrlochmethode wird empfohlen
Durchschnittliche Durchwachsphase	• 1 Jahr (Dübelbeimpfung und Bohrlochmethode) • nach Durchwachsphase: Stamm dritteln und eingraben
Ernte	September–Dezember, manchmal auch im Frühjahr
Besonderheiten	• Stämme werden eingegraben • Nadelholz trocknet schnell aus, daher ist besonderes Augenmerk auf die Feuchtigkeit des Stammes zu richten • nur völlig gesundes Holz verwenden (darf nicht von Borkenkäfern befallen sein) • Erdmyzel muss ausgebildet sein, bevor Pilze erscheinen
Kulinarisches Profil	• Geschmack ist mild, leicht nussig • Es werden nur die Hüte verwendet, im getrockneten Zustand eignen sie sich für die Verwendung als Pilzsalz

Samtfußrübling	
Empfohlenes Nährmedium: Holz	Weide
Durchmesser des Stammes	• Der Pilz wird üblicherweise auf Stämmen mit einem Durchmesser von 20–35 cm Der Pilz wird üblicherweise auf Stämmen mit einem Durchmesser • Beimpfung von 1 m langen Baumstämmen • Es kann mit Getreidebrut beimpft werden
Durchschnittliche Durchwachsphase	• 1–2 Jahre • nach Durchwachsphase: Stamm dritteln und Moos auf die Schnittflächen verpflanzen
Ernte	November–März
Besonderheiten	• Stämme werden eingegraben • fruchtet im Spätherbst bis Winter • Erdmyzel muss ausgebildet sein, bevor Pilze erscheinen
Kulinarisches Profil	• angenehmes Waldpilzaroma • Es werden nur die Hüte verarbeitet;

Kulturträuschling (Braunkappe)	
Empfohlenes Nährmedium: Stroh	Am besten geeignet sind kleine hochdruckgepresste Strohballen
Ansprüche an die Umgebung	• Das Stroh muss vor der Beimpfung gewässert werden (eine Fermentation ist nicht nötig) • Kulturen können im Garten angelegt werden und benötigen unbedingt Kontakt mit dem Erdboden
Ernte	• Frühjahr bis Herbst, abhängig von Anlagezeitpunkt • über 1 Jahr verteilt mehrere Ernteperioden
Besonderheiten	• Pilze nicht zu groß ernten • für ausreichend Schneckenschutz sorgen • die ersten Kultivierungsversuche wurden in Europa durchgeführt
Kulinarisches Profil	• gut zum Grillen geeignet • den Pilz gut durchbraten • auch der Stiel kann größtenteils mitverarbeitet werden

Nameko in unterschiedlichen Entwicklungsstadien

Kulturträuschling

Samtfußrübling

Judasohr

Igelstachelbart

Igelstachelbart/Affenkopfpilz/Pom-Pom (*Hericium erinaceus*)

Der Igelstachelbart ist ein hervorragender Speisepilz. Zusätzlich ist er auch ein geschätzter Heilpilz und wird in der Traditionellen Chinesischen Medizin (TCM) bei Magen- und Darmproblemen eingesetzt. In der Natur ist er äußerst selten zu finden. Seine weißen eiszapfenähnlichen Fruchtkörper machen ihn zu einem faszinierenden Zuchtpilz.

Heimisch ist der Pilz in Europa, Nordamerika und Asien. Der Igelstachelbart wächst sowohl auf Laubholz als auch auf Substrat. Am Substrat wachsen die Fruchtkörper oft zusammen und können eine beträchtliche Größe erreichen. Der Pilz sollte nicht zu lange auf dem Nährmedium verbleiben (die Zapfenspitzen sollen noch weiß sein) und am besten sofort nach dem Ernten verarbeitet werden. Die Fruchtkörper werden möglichst vorsichtig abgeschnitten und Druckstellen sollten vermieden werden. Für Pilzgourmets ist dieser Pilz ein Muss.

Judasohr/Chinesische Morchel (*Auricularia auricula-judae*)

Der Pilz wird seit etwa 1500 Jahren als Speisepilz geschätzt und zählt in Asien zu den Grundnahrungsmitteln. Dieser ohrmuschelähnliche Fruchtkörper wird auch öfters als Chinesische Morchel bezeichnet. In der freien Natur wächst er fast das ganze Jahr über an geschwächten Laubbäumen: hauptsächlich auf Holunder, Buchen und Weiden. Das Judasohr findet auch in der Medizin Verwendung, es verbessert beispielsweise die Fließeigenschaften des Blutes.

Igelstachelbart		
Empfohlenes Nährmedium: Holz, Fertigsubstrat	**Holz**	**Substrat**
	• Buche, Birke, Ahorn, Eiche • Bohrlochmethode wird empfohlen	Holzspäne-Fertigsubstrat
Wachstumsansprüche	• 20–30 cm Baumstammdurchmesser • kann als 1-Meter-Stamm belassen werden	• Feuchtigkeit im Substrat erhält sich selbst • ein kleines Fruchtungshäuschen zur Herstellung einer höheren Luftfeuchtigkeit kann verwendet werden
Ernte	Sommer, Herbst	mehrere Erntewellen über 3–4 Wochen
Besonderheiten	Fruchtkörper rechtzeitig ernten	Der Substratbeutel wird für die Fruchtungsphase nicht geöffnet, es werden nur mehrere (3–5) Löcher im Bereich des Substrates gestochen (dadurch bleibt die Luftfeuchtigkeit im Inneren hoch und es gibt wenig ungewünschte Keime)
Kulinarisches Profil	• vielfältig: feiner Pilzgeschmack, leicht zitronenartig • erinnert im gekochten Zustand an Hummer • eine wahre Delikatesse	

Judasohr	
Empfohlenes Nährmedium: Holz	Holunder, Pappel, Weide
Wachstumsansprüche	• Der Pilz wird üblicherweise auf Stämmen mit einem Durchmesser von 8–15 cm gezogen • Beimpfung von 1 m langen Baumstämmen
Ernte	August–März (häufig), meist über das ganze Jahr verteilt
Besonderheiten	Getrocknet halten sich die Pilze über ein Jahr (in gut verschlossenen Gläsern)
Kulinarisches Profil	• kann zum Eindicken von Saucen verwendet werden • besitzt einen festen Biss und wird häufig in Suppen verwendet

Reishi/Glänzender Lackporling (*Ganoderma lucidum*)

Im Kapitel „‚Behütete' Umgebung für alle Jahreszeiten" (→ S. 85) findet sich eine detaillierte Beschreibung des Glänzenden Lackporlings.

Reishi	
Empfohlenes Nährmedium: Holz, Fertigsubstrat	Rotbuche, Hainbuche
Durchmesser des Stammes	Der Reishi wird üblicherweise auf 1 m langen Stämmen mit einem Durchmesser von 15 bis maximal 30 cm gezogen
Durchschnittliche Durchwachsphase	bei Beimpfung mit Getreidebrut: Bohrlochmethode – 1 Jahr
Ernte	• Juli–August • bildet mehrere Jahre Fruchtkörper
Besonderheiten	• nach Durchwachsphase: Stamm dritteln und in Pilztöpfe setzen • benötigt eine geschützte Atmosphäre
Kulinarisches Profil	• leicht bitter-erdig • nur für Tee/Pulver/Extrakt geeignet (→ Rezepte und Verarbeitung von Speisepilzen S. 118)

Der Glänzende Lackporling wächst gerne auf Buchenstämmen

Seitlinge

Standort Haus und Keller

Pilze auf Strohpelletssubstrat – praktisch und ertragreich

Unkomplizierte Kultivierung von Austernseitlingen und Co auf Strohpellets

Eine neuere, recht einfache Methode ist die Kultivierung von Pilzen auf Strohpellets. Diese sind im landwirtschaftlichen Fachhandel als Einstreu für Pferde erhältlich und bestehen aus zerkleinertem, gepresstem Stroh. Wichtig ist, beim Kauf darauf zu achten, dass die Pellets nach Möglichkeit aus Bioproduktion stammen.

Eine weitere wichtige Komponente ist eine geeignete Getreidepilzbrut. Grundsätzlich kann diese Anbaumethode für die wärmeren Monate im Jahr empfohlen werden. In einem Fermentationsprozess (Vergärung) wird das Stroh durch Säurebildung aufgeschlossen und somit ein optimales Nährmedium für die Pilze hergestellt. Es kann bei der Fermentation zu einer etwas unangenehmen Geruchsbildung (Silagegeruch) kommen, daher sollte man das Stroh am besten in einem Kübel mit Deckel vergären lassen. Temperaturen zwischen 15–20° C sind ideal für die Anlage einer Kultur.

Optimal ist diese Methode auch für die Anlage von Pilzbeeten. Dazu kann ein rechteckiger Kasten oder ein leer stehendes Frühbeet verwendet werden. Durch den Rahmen wird ein feuchtes Mikroklima begünstigt (je nach Temperatur empfiehlt es sich, diesen eventuell mit Folie abzudecken – die Schnecken haben so auch weniger Chancen). Natürlich können auch Kübel oder große Blumentöpfe (mit Löchern) als Zuchtbehälter genützt werden. Der Kreativität sind hier fast keine Grenzen gesetzt. Aber nun zum Praktischen ...

Vorbereiten des Substrats

Die Strohpellets werden ca. 7 Tage in Wasser eingeweicht, danach ist die Fermentation abgeschlossen. Die oberste dunkelbraune Schicht (1–2 cm) wird im Anschluss entfernt. Die Getreidebrut sollte zu diesem Zeitpunkt schon besorgt worden sein. Man kann mit 2 l Getreidebrut zirka 5 kg Strohpellets beimpfen. Die Pellets vergrößern ihr Volumen um ein Vielfaches. Für 2 1/2 kg werden etwa 8 l warmes Wasser benötigt – also geeignete Behälter wählen und die Volumenzunahme einrechnen. Im Freien ist der Gärprozess (und dessen Geruchsbildung) nicht weiter tragisch, im Haus sollte der Behälter zugedeckt werden.

Nach dem 7-tägigen Einweichen muss das überschüssige Wasser entfernt werden. Da nasses Stroh Flecken auf Kleidung und Haut verursacht, sollten Einweghandschuhe verwendet und Arbeitskleidung getragen werden. Über die Löcher im Boden des Endbehälters (Blumentopf, Kübel etc.) fließt auch nochmals etwas Wasser ab, es ist deshalb günstig, einen geeigneten Untersetzer zu verwenden. Das überschüssige Wasser wird komplett entfernt.

Beimpfung

Die Getreidebrut (Gelber Austernseitling, Taubenblauer Austernseitling, Lungenseitling, Winterausternseitling, Rosa Seitling) kann nun gleichmäßig in die Strohmasse eingemischt werden und anschließend in den endgültigen Behälter gefüllt werden – dazu bitte Einweghandschuhe verwenden. Die Masse wird dabei etwas festgedrückt.

Damit das Myzel bestmöglich in die Strohpelletsmasse einwachsen kann, wird bei einer Kultivierung in Blumentöpfen und Kübeln eine Folie (z.B. Klarsichtfolie) über den Topfrand gespannt. Dies begünstigt ein feuchtes Mikroklima in der Durchwachsphase. In die Folie werden wiederum einige Löcher gestochen, um einen Luftaustausch zu ermöglichen. Die Töpfe sollen nicht bis obenhin mit Substrat gefüllt werden.

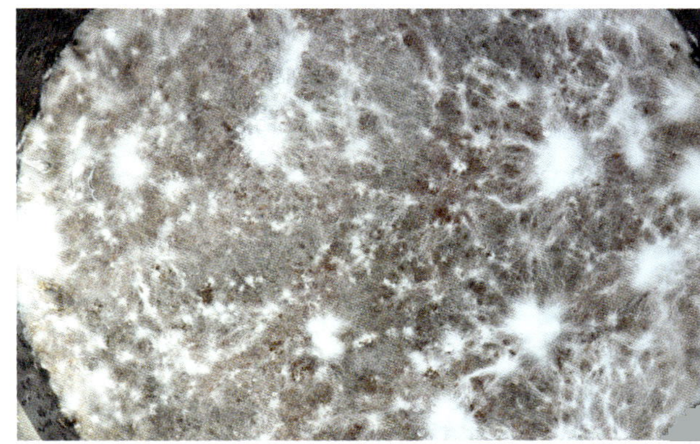

Myzelwachstum auf Strohpellets

Durchwachsphase

Der Behälter wird in einem Kellerraum, im Garten oder Gewächshaus aufgestellt. Oft entstehen Wassertropfen an der Innenseite der Folie – das macht nichts. Nach einigen Tagen erscheint weißes Myzel auf der Oberfläche des Substrats. Die Durchwachsphase dauert insgesamt etwa 4 Wochen. Wenn die ersten Pilzansätze zu sehen sind, ist es wichtig, auf genügend Frischluftzufuhr, Licht (Folie entfernen) und ausreichende Bewässerung zu achten (1–2-mal sprühen pro Tag reicht aus).

Ernte

Wenn die Pilze herangewachsen sind, werden sie vorsichtig und vollständig vom Substrat geschnitten. Seitlinge wachsen in zusammenhängenden Büscheln – wenn nur große Pilze aus dem Verbund genommen werden, sterben die umliegenden kleinen Pilze ab. Daher wird das ganze Büschel geerntet. Oft kommen die Pilze auch aus den Löchern des Topfes heraus.

Die Pilze sollte man nicht zu groß werden lassen, da sie aussporenkönnten. Die Kulturen dürfen nicht austrocknen, solange das Substrat vital erscheint, jedoch auch nicht überwässert werden. Nach und nach entziehen die Pilze den Stroh-

Die Pilze sind schon bereit zur Ernte

pellets die enthaltenen Nährstoffe. Zeichen für den Zersetzungsprozess ist das „Schrumpfen" des Kultursubstrats. Die Pilze erscheinen in mehreren Erntewellen.

Angezogen vom feinen Pilzduft können Trauermücken (→ S. 92) zum Problem werden. Die Insekten fressen zwar nicht an den Pilzen, jedoch am Substrat selbst. Wenn man Gelbtafeln in unmittelbarer Nähe platziert, kann der Befall eingedämmt werden. Die abgeernteten Pilzblöcke können später kompostiert werden und ergeben einen guten Dünger.

Fertigkulturen – ideal für die Winterzeit

Im Winter ruhen die meisten Pflanzen und Pilze. Wer sich jedoch auch zu dieser Jahreszeit mit Köstlichkeiten aus dem Pilzreich versorgen will, besorgt sich einfach ein Fertigsubstrat.

Fertigkulturen eignen sich hervorragend für den Einstieg in die Pilzzucht. Es macht noch dazu Freude, den Pilzen beim Wachsen zuzusehen. Wie der Name schon sagt, erhält man ein schon fertig beimpftes und mit Myzel gut durchwachsenes Substrat. Sowohl Wohn- als auch Kellerräume eignen sich für die Kultivierung. Es muss nur mehr der Foliensack aufgeschnitten und die gebildeten Pilzansätze befeuchtet werden.

Die Auswahl ist groß: Champignons, Shiitakes, Seitlinge und andere seltenen Speise- und Heilpilze (wie Kräuterseitlinge, Igelstachelbart, Reishi) sind im Handel erhältlich. Bestellt man sich ein Fertigsubstrat, überspringt man die „kritischen" Phasen der Myzelentwicklung und kommt so sehr schnell zu einer Ernte.

Ansprüche der Kultur

- Die Luft sollte nicht zu trocken sein
- Gesprüht wird am besten mit einem Zerstäuber (2-mal Sprühen pro Tag reicht meist aus, um die optimale Feuchtigkeit zu gewährleisten)

Pilzarten im Überblick		
Pilzart	**Kulinarisches Profil**	**Temperaturansprüche**
Kräuterseitling (*Pleurotus eryngii*)	würzig im Geschmack, fest im Biss	10–18 °C
Igelstachelbart (*Hericium erinaceus*)	sehr aromatisch, feinfleischig	10–24 °C
Pioppino (*Agrocybe aegerita*)	kräftiges Pilzaroma, nussiger Geschmack	18–30 °C
Seitling (*Pleurotus*)	fein, aromatisch	6–24 °C (nur im Freien aufstellen – Sporen)
Shiitake (*Lentinula edodes*)	charakteristisches Aroma, festfleischig	14–22 °C
Reishi (*Ganoderma lucidum*)	leicht bitter-erdig, nur für Tee/ Pulver/Extrakt geeignet	20–27 °C (wächst langsam, braucht ca. 60 Tage, um erntereife Fruchtkörper zu produzieren)
Champignon (*Agaricus bisporus*)	fein im Geschmack, kann auch roh verzehrt werden	12–18 °C
Buna Shimeji (*Hypsizygus tessulatus*)	bissfest, exotisches Aussehen	13–18 °C
Mandelpilz (*Agaricus blazei Murrill*)	unverkennbares Aroma	18–24 °C

- Je kleiner die Pilze, desto mehr Luftfeuchtigkeit brauchen sie
- Luftwechsel und genügend Lichteinfall sollte gegeben sein
- Staunässe ist unbedingt zu vermeiden
- Temperaturoptimum des Pilzes beachten (ist bei Bestellung in der Beschreibung angegeben)

Weitere Informationen zu den Pilzarten finden Sie bei den Pilzporträts (→ S. 42, 64) am Ende des Kapitels.

Kultivierungsanleitung

Anfangs genügt es, den Foliensack aufzuschneiden. Die Pilze wachsen dorthin, wo sie mehr Sauerstoff bekommen. Bemerkt man, dass sich die Pilze nicht optimal im Foliensack entwickeln können, entfernt man die Folie zur Gänze und setzt den Substratblock in eine passende Plastikbox (→ Abbildung links). 2 Holzstäbe am Boden der Box verhindern, dass überschüssiges Wasser vom Substrat aufgenommen wird und es kann eine Luftzirkulation stattfinden.

Beim Affenkopf und bei Seitlingen hat es sich bewährt, mehrere Löcher in die Substrathülle zu schneiden. Bei manchen Arten ist es auch günstig, die Oberfläche des Substrates (noch im geschlossenen Beutel) etwas aufzukratzen bzw. aufzurauen oder den Standort zu wechseln. Ein initiierter Temperaturwechsel (von warm auf kalt oder kalt auf warm) kann sich positiv auf die Fruchtkörperbildung auswirken (wie z.B. beim Kräuterseitling).

Prächtige Kräuterseitlinge

Ernte

Sobald der Foliensack aufgeschnitten ist, dauert es nur etwa 1–3 Wochen, bis die ersten Pilze erntereif sind. Die Pilze werden geerntet, wenn der Pilzhut noch etwas nach unten geneigt ist. Man sollte nicht zu lange warten, da es bei überreifen Fruchtkörpern zur Sporulation kommen kann (Sporen werden mit der Luft im Raum verteilt).

Falls nur einige große Pilze fruchten, kann dies bedeuten, dass es zu warm oder zu wenig feucht ist. Manchmal dauert es auch länger, bis die ersten Pilze geerntet werden können – hier nicht die Geduld verlieren, denn trotz bester Voraussetzungen brauchen natürliche Wachstumsprozesse ihre Zeit. Der Erntezeitraum kann sich von einigen Wochen (Champignon) bis zu ein paar Monaten (Reishi) erstrecken. Wenn das Nährmedium zusammengeschrumpft ist und Wasser nur mehr schwer aufnimmt, lässt man den Block austrocknen. Nach einigen Tagen taucht man ihn dann für 2–3 Stunden in kaltes Wasser (Beschweren nicht vergessen), stellt ihn wieder in die Box und wartet auf weitere Pilze.

Besonderheit bei Shiitake-Fertigkulturen

Der Shiitake benötigt nicht nur bei der Zucht auf Baumstämmen, sondern auch bei Substratkulturen eine Ruhephase zwischen den Erntewellen. Reaktivieren kann man ihn, indem man den ausgetrockneten Block wieder in Wasser taucht. Um die Wasseraufnahme zu beschleunigen, können einige Löcher in den Block gebohrt werden (z.B. mit einem Schraubenzieher oder einer Stricknadel). Der Substratblock ist nach dem Tauchvorgang wieder schwer geworden und wird nun täglich befeuchtet. Getaucht wird in kaltes Wasser. Nach einiger Zeit erscheinen wieder Pilze.

Unser Tipp: Falls Schimmel entsteht, werden die Befallsstellen vorsichtig abgekratzt und mit Essig oder Salz behandelt (mit Küchenrolle abtupfen – aber nur dort, wo sich Schimmel gebildet hat).

Kräuterseitlinge

Pilze auf Kompost

Champignon-Fertigsubstrat

Champignons sind äußerst schmackhafte Pilze, die sich großer Beliebtheit erfreuen. Die Champignonzucht ist jedoch nichts für Anfänger. Für den Praktiker ist eine Kultivierung von der Spore bis zum fruchtenden Substrat nur rentabel, wenn die Pilze in großen Mengen produziert und am Markt verkauft werden. Wissbegierige sollen hier natürlich auch nicht zu kurz kommen, daher gibt es auch eine kleine Zusammenfassung der wichtigsten Schritte für die Champignonkultivierung von A bis Z (→ Wissenswert: Herstellung eines Champignonsubstrats S. 63).

Wer nur ab und an eigene Champignons verkochen oder wachsen sehen will, besorgt sich ein Fertigsubstrat. Im Winter sind die Temperaturen ideal für die Kultivierung im Haus. Dabei ist zu beachten, dass über 20° C nur wenige Pilze wachsen. Im Fachhandel sind 2 Sorten erhältlich: braune Steinchampignons und weiße Champignons. Die braune Variante ist etwas intensiver im Geschmack.

Anlage einer Champignon-Fertigkultur

Bei den meisten im Handel verfügbaren Substraten wird ein durchwachsenes Pilzsubstrat (weißgelblich) und Deckerde mitgeliefert. Die Erde wird ca. 3 cm dick – mit den Händen feinkrümelig verteilt – auf dem Pilzsubstrat verstreut und an einem kühlen Ort (12–8 °C sind optimal) aufgestellt. Die Erde wird in diesem Fall nicht angedrückt. Das Myzel braucht dann etwa 4 Wochen, um in die Deckerde einzuwachsen. Der Feuchtigkeitsgehalt sollte immer wieder überprüft werden. Falls die Oberfläche zu trocken wird, befeuchten Sie diese mit einem Zerstäuber.

Deckerde und optimale Feuchtigkeit

Die Pilze brauchen zur Entwicklung eine Erdschicht, in die das Myzel einwachsen kann. Fehlt diese Schicht, können keine Fruchtkörper gebildet werden. Die Deckerde besteht meistens aus Torf und natürlichen Zusatzstoffen wie Kalk. Sie besitzt eine hohe Wasserspeicherkapazität und begünstigt durch die optimale Feuchtigkeit das Wachstum der Pilze. Normalerweise wird die Deckerde schon im feuchten Zustand mit dem Substrat mitgeliefert und die ersten paar Wochen muss diese nicht befeuchtet werden.

Das Pilzmyzel wächst zirka 2 von den 3 cm Erdschicht in die Deckerde ein. Ein feines Pilzgeflecht wird nach etwa 2 Wochen sichtbar. Das Myzel sollte jedoch nicht bis an die Oberfläche der Deckerde wachsen. Falls es doch passiert, wird die oberste Schicht (mit einer Gabel) etwas aufgekratzt und das Substrat an einem kühleren Ort aufgestellt.

Gesprüht wird nur, wenn die Erde zu trocken wird. Denn wenn zu viel bewässert wird, stirbt das Myzel vorzeitig ab.

Feuchtigkeitsgehalt

Es kann vorkommen, dass zu wenig Feuchtigkeit im Raum herrscht. Um das Myzel zusätzlich im Wachstum zu unterstützen, kann ein Mini-Gewächshaus oder einfacher eine „Haube" aus Klarsichtfolie über die Kultur gestülpt werden. Wenn die ersten Pilzansätze erkennbar werden, brauchen die Pilze mehr Sauerstoff und die Folie wird entfernt.

Ernte

Je nachdem wie schnell das Myzelwachstum voranschreitet, wie optimal die Luftfeuchtigkeit und die Temperatur sind, kann nach etwa 3–4 Wochen mit den ersten Pilzen gerechnet werden. Für genügend Frischluft muss in dieser Phase gesorgt werden (je kleiner die Pilze, desto mehr). Die Pilze werden geerntet wenn der Hut noch leicht nach innen gewölbt ist. Die Pilze werden vorsichtig aus dem Substrat herausgedreht. Bitte nicht abschneiden.

Im Kühlschrank gelagert halten die Pilze etwa 4–6 Tage. Nach der ersten Erntewelle ist das Substrat etwas erschöpft. Wenn man die Deckerde austrocknen lässt, ist das kein Problem. Nach 2 Wochen kann dann nochmals intensiver befeuchtet werden. Durch die Ernte kann die Erde etwas ungleichmäßig verteilt sein, hier schadet es nicht, nochmals mit der Gabel die Oberfläche aufzukratzen, die Erde gleichmäßig zu verteilen und anschließend gut zu wässern.

Foto: Moritz Wildenauer

Erntereife Champignons: Man kann gut die unterschiedlichen Substratschichten erkennen

Nun kann eine 2. Erntewelle einsetzen. Man kann das Zusammensacken des Substrats gut beobachten. Nach 1–3 Erntewellen hat die Champignon-Fertigkultur ausgedient. Jenen, die einen Komposthaufen haben, wird geraten, den alten Substratblock dort zu vergraben – mit etwas Glück breitet sich dort das Myzel aus und es wachsen Champignons.

Wissenswert: Herstellung eines Champignonsubstrats

Die Hauptkomponenten für dieses Substrat sind Pferdemist, getrockneter Hühnerkot und Gips. Durch einen Fermentationsprozess wird der angesetzte Haufen (mind. 1 1/2 m³ groß) für die Beimpfung vorbereitet. Dazu benötigt man etwa 600 kg Pferdemist, 60 kg getrockneten Hühnerkot und etwa 15 kg Gips. Eine der langwierigsten und aufwändigsten Arbeiten ist das Schichten und Umsetzen des Grundsubstrats. Mehrere Lagen des Gemisches müssen Lage für Lage ca. alle 30 cm eingewässert werden, bis der Haufen eine Höhe von 1 1/2 m erreicht hat. Die letzte Schicht wird noch etwas festgetreten. Wenn das Ansetzen funktioniert hat, beginnt nach einigen Tagen die Fermentation und die Temperaturen steigen auf ungefähr 80 °C an.

Dieser Prozess ist unabdingbar für die Beimpfung mit Champignonmyzel. Um genügend Sauerstoff einzubringen, muss der Haufen nach 1 Woche das 1. Mal umgesetzt werden. Hierbei wird wieder jede Lage (ca. alle 30 cm) mit einem Gartenschlauch gut gewässert. Jede Woche wird der Haufen einmal umgesetzt – insgesamt 3-mal. Nach dem 3. Mal Umsetzen ist die Fermentation abgeschlossen. In der kommerziellen Champignonzucht wird das Kompostsubstrat vor dem Beimpfen noch sterilisiert. Für Hobbypilzzüchter gibt es meist keine Möglichkeit, das Substrat zu sterilisieren– die natürliche Fermentation muss ausreichen.

Beimpfung mit Champignonbrut

Für die Beimpfung werden Bodenbeete mit einer Breite von etwa 80 cm angelegt. Dazu überführt man das Substrat z.B. in Holzkisten mit einer Tiefe von etwa 20–30 cm. Wenn die Temperatur im Substrathaufen auf etwa 25 °C gesunken ist, wird die Brut beigemengt. Als Richtwert gilt: 1 1/2 l Brut pro m² Beetfläche. Auf eine gleichmäßige Verteilung der Brut ist hierbei zu achten.

Durchwachsphase

Das Temperaturoptimum für eine schnelle Besiedlung liegt etwa bei 20–24 °C bei einer relativ hohen Luftfeuchtigkeit. Nach 2–3 Wochen hat sich das Myzel im Beet etabliert. Besonderheit nach der Durchwachsphase:

- Das Substrat wird mit Deckerde (5 cm) bedeckt. Die verwendete Erde muss eine gute Wasserspeicherkapazität haben und einen pH-Wert von ca. 6,5–7,5 aufweisen. Mischt man sich die Deckerde selbst zusammen, kann Gartenerde und Torf (1:1) vermischt werden. Um den richtigen pH-Wert zu gewährleisten, kann auch zusätzlich etwas Kalk beigemengt werden. Bevor man die Erde aufbringt, muss diese noch befeuchtet werden– so dass ein Klumpen daraus geformt werden kann, aber nicht so viel, dass Wasser austritt.
- 10 Tage nach dem Abdecken werden erste weiße Myzelfäden sichtbar. Nun wird die Oberfläche mit einer Drahtbürste „verkratzt", so verteilt sich das Myzel auf der gesamten Fläche. Die Kultur braucht in dieser Phase genügend Frischluftzufuhr. Licht ist nicht nötig.
- Fruchtungsphase: Die optimale Temperatur für die Fruchtungsphase beträgt 16–18 °C, also eine etwas kühlere Temperatur als in der Durchwachsphase. Es entwickeln sich nach und nach kleine Myzelknoten (Pinheads), aus denen die Fruchtkörper entstehen. Die Erde

darf nicht austrocknen, die Pilze sind in diesem Stadium besonders empfindlich. Gegossen wird nur mit einer feinbrausigen Gießkanne, sodass die Oberfläche nicht verschlemmt.

Ernte

Die Pilze sind erntereif, wenn sich das Häutchen auf der Pilzunterseite vom Stängel gelöst hat. Mehrere Erntewellen sind zu erwarten. Nach jeder Ernte muss jedoch erneut ausreichend befeuchtet werden, da die Champignons dem Substrat viel Wasser entziehen.

Möglichkeiten für Kulturstandorte und geeignete Behälter:

- schattiger Garten (Frühjahr, Herbst)
- Stollen
- feuchter Keller bzw. Erdkeller mit ausreichender Frischluftzufuhr (sollte gut zu reinigen sein)
- Bodenbeete, Hügelbeete (die Form ähnelt Spargelbeeten)
- längliche Kisten

Wird ein Keller zum Kulturstandort, sollte die Temperatur nicht über 20 °C steigen. Eine Belüftung mittels Fenster oder Ventilatoren wird empfohlen. *Unser Tipp: Diese Kultivierungsform ist nur etwas für Geübte und Experten. Die Arbeit darf nicht unterschätzt werden. Anfängliche Misserfolge sollten Sie nicht entmutigen. Wir empfehlen für die Kultivierung von Champignons, sich noch in weitere Fachliteratur (→ Anhang S. 139) einzulesen, um genau arbeiten zu können.*

Gründe für Ernteausfälle:

- Kontamination durch Bakterien, Viren, andere Pilze oder Insekten
- Schimmelbefall (man kann auf die Befallsstellen punktuell Salz streuen)
- unvollständige Fermentation
- zu hohe Temperaturen
- zu hoher CO_2-Gehalt
- falsche Substrat- oder Deckerdenzusammensetzung

Ergänzende Pilzporträts

Foto: Moritz Wildenauer

Steinchampignon

Champignon/Kulturchampignon (*Agaricus bisporus*)	
Empfohlenes Nährmedium	fermentiertes Kompostsubstrat (Hauptbestandteile: Pferdemist, getrockneter Hühnerkot, Gips) und Deckerde
Ansprüche an die Umgebung	• benötigt kein Licht • Temperatur: Durchwachsphase 20–24 °C, Fruchtungsphase 16–18 °C
Ernte	abhängig von Kulturstandort: in Garten (Frühjahr- oder Herbstkulturen), im Keller ganzjährig möglich
Besonderheiten	Dieser Pilz zählt zu den Sekundärzersetzern (wächst nur auf aufgeschlossenen, fermentierten Substraten)
Kulinarisches Profil	• fest und knackig im Biss • zartes Pilzaroma • kann auch roh in Salaten verwendet werden (→ Rezepte und Verarbeitung von Pilzen S. 118)

Mandelpilz/Brasilianischer Mandelegerling (*Agaricus blazei Murrill*)	
Empfohlenes Nährmedium	fermentiertes Kompostsubstrat bzw. auch Stroh-Komposterden-Substrat
Ansprüche an die Umgebung	Temperatur: Durchwachsphase 21–27 °C, Fruchtungsphase 18–24 °C
Ernte	• im Keller oder Haus ganzjährig möglich • Pilze bei der Ernte vorsichtig herausdrehen
Besonderheiten	• ausgezeichneter Speise- und Heilpilz • der Pilz ist ein Sekundärzersetzer (bevorzugt Komposterdesubstrat
Kulinarisches Profil	vielseitige Verwendung (Zubereitung wie Champignon)

Buna Shimeji/Buchenrasling (*Hypsizygus tessulatus*)	
Empfohlenes Nährmedium	Fertigsubstrat mit Buchholzspänen und Sägemehl
Ansprüche an die Umgebung	Temperatur: Durchwachsphase 21–24 °C, Fruchtungsphase 13–18 °C
Ernte	• gute Ernteerfolge bei geschützter Atmosphäre (Pilzhaus, Keller) • Pilze werden vom Substrat geschnitten
Besonderheiten	skurriles Aussehen (gefleckter Hut oder schneeweiße Hutfarbe)
Kulinarisches Profil	• guter Speisepilz • schmeckt besonders gut gemeinsam mit Gartenkräutern • in Butter oder Öl geschmort, entfaltet sich sein Aroma

Foto: Walter Haidvogl

Mandelpilz

Buna Shimeji

Pioppino auf Substrat

Pioppino (*Agrocybe aegerita*)	
Empfohlenes Nährmedium	Fertigsubstrat mit Buchholzspänen und Sägemehl
Ansprüche an die Umgebung	• Durchwachsphase 21–27 °C, Fruchtungsphase (13–18 °C) • Kultivierung in geschlossenen Räumen
Ernte	• gute Ernteerfolge bei geschützter Atmosphäre (Pilzhaus, Keller) • Pilze werden vom Substrat geschnitten
Besonderheiten	wunderschöne braune Hutfarbe
Kulinarisches Profil	• schmackhafter Speisepilz • dekorativ in Speisen

Standort Wald und Acker

Kultivierung von Trüffelpilzen – Geheimnisse der Mykorrhiza-Pilze

Einer der teuersten und kostbarsten Speisepilze ist die Trüffel. Sie begeistert durch ihren unvergleichbaren Geschmack, sowie durch ihre geheimnisvolle symbiotische Lebensweise mit Pflanzen. Trüffeln haben besondere Ansprüche in Bezug auf Bodentyp, Temperatur, Klima und Symbiosepartner (Baum- bzw. Strauchart).

Foto: Moritz Wildenauer

Die Symbiose zwischen Pilzen und Pflanzen wird auch Mykorrhiza genannt. Durch einen gegenseitigen Stoffaustausch profitieren beide Partner. So erhält der Pilz von der Pflanze Kohlenhydrate und im Gegenzug wird die Pflanze mit Makronährstoffen (Stickstoff, Phosphor, Kalium und Spurenelementen) versorgt. Durch den gegenseitigen Wasseraustausch werden beide Symbiosepartner im Wachstum begünstigt. Der Pilz erweitert das Wurzelsystem mithilfe von Pilzhyphen, welche auch feinste Bodenporen aufschließen können. Die Trüffel zählt zu den sogenannten Ektomykorrhiza-Pilzen. Viele Pilze, die im Wald zu finden sind, gehören zu dieser Gruppe. So sind Eierschwammerl, Steinpilz und Co. Mitwirkende im Symbioseprozess.

Wie wohl schon bekannt, ist dieser Prozess weitgehend ungeklärt oder mit züchterischen Maßnahmen nur schwer nachzuahmen. Durch äußerst genaue Erforschung der Lebensweise der Trüffeln, ist es jedoch gelungen, eine Trüffelzucht unter naturnahen Bedingungen zu etablieren und auch für den Einzelnen das Kultivieren von diesen Kostbarkeiten möglich zu machen.

Die im Handel erhältlichen Trüffeln kommen somit entweder aus Wildsammlung oder aus naturnahen Trüffelgärten. Erfreulicherweise gibt es auch schon eine erfolgreiche Zucht von Trüffeln in Österreich. Ein innovatives österreichisches Unternehmen namens „Trüffelgarten" hat unter der Leitung von Alexander Urban und Tony Pla die ersten Erfolge in der Trüffelkultivierung unter naturnahen Bedingungen möglich gemacht. Gegründet wurde das Unternehmen 2003 mit dem Ziel, die Trüffelzucht und Kultivierung auch in Zentraleuropa zu etablieren. Durch ihre Forschungsarbeit wollen die beiden Gründer einen Beitrag zur Biodiversität leisten und ihre Kunden mit neusten Erkenntnissen sowie Wissen unterstützen, damit auch sie in die Praxis der Trüffelkultivierung einsteigen können.

„Trüffelgarten" bietet einerseits hochwertiges Trüffel-Pflanzgut und andererseits Fachberatung rund um das Thema Trüffel. Das Unternehmen berät auch in Sachen Standortwahl und

Foto: Tony Pla

Ronald Vogl und Tony Pla mit Hündin Titoune auf der Suche nach Burgundertrüffeln. Ronald Vogl ist der erste Trüffelproduzent Österreichs, aber auch von ganz Mitteleuropa. Seine Plantage (von Trüffelgarten geführt) befindet sich in Niederösterreich bei Herzogenburg

Trüffelsuche. Die Bestimmung von Trüffelfunden und die Identifizierung von Ektomykorrhiza-Proben zählen ebenfalls zu ihrem Tätigkeitsbereich.

Wichtige Hinweise für die Trüffelkultivierung

Pflanzzeitpunkt

Ein bereits beimpftes Trüffelbäumchen wird am besten im Herbst (Oktober–November) im Garten ausgepflanzt. So kann es sich gut im Boden verankern und wächst im nächsten Frühjahr gut an. Da die Pflanzen schon in Töpfen vorgezogen sind, kann bei einem etwas höheren Arbeitsaufwand auch im Frühjahr gesetzt werden. Sie benötigen jedoch mehr Wasser und müssen zusätzlich vor zu starker Sonneneinstrahlung geschützt werden.

Wie schon erwähnt, können Trüffeln nicht auf jedem Boden und in jeder Klimazone gedeihen. Falls mehr als ein Trüffelbäumchen gekauft wird, gibt es unterschiedliche Pflanzabstände, die eingehalten werden sollten (diese sind beim Kauf angeführt). Handelt es sich um Hecken, kann grundsätzlich auch viel dichter gesetzt werden. Der richtige Abstand muss auch zu anderen Bäumen und Sträuchern gewährt sein, da sonst eine zu starke Konkurrenzsituation zu anderen Pilzarten entstehen könnte.

Konkurrenz zu anderen Pflanzen

Ebenfalls muss beachtet werden, dass das Myzel der Trüffeln nicht einfach auf einen schon bestehenden Baum oder Strauch angeimpft werden kann. Auf Böden, die nicht von Natur aus schon Trüffeln hervorbringen, ist es schwierig, Trüffelmyzel zu erhalten und weiter zu vermehren. Daher wird empfohlen, einen möglichst weiten Abstand zu Wäldern einzuhalten. Dies ist zu beachten, da sich andere Mykorrhizen (andere Pilze, die ebenfalls in Symbiose mit Pflanzen leben) auf den Trüffelbäumchen ansiedeln können und das Trüffelmyzel verdrängt werden würde. Obstbäume sind hingegen keine Konkurrenz für die Trüffeln, da sie eine andere Pilzfloraumgibt.

Klimabedingungen

Die Burgundertrüffel ist in ganz Europa (von Italien bis Südschweden) verbreitet, somit ist die Kultivierung in Mitteleuropa möglich. In Österreich wurde diese Trüffel bis auf 550 m Höhe nachgewiesen. In Trockenperioden muss eventuell auch etwas gegossen werden.

Die Périgord Trüffel gedeiht in Weinbauregionen in Südwesteuropa. Leider kommt diese Art in Mitteleuropa nicht vor. Die Kultivierung dieser Trüffel hat in unseren Klimazonen einen Versuchscharakter, wobei bereits einige Erfolge zu verzeichnen sind.

Bodenbedingungen

Am einfachsten lassen sich Trüffeln auf kalkreichen, wasserdurchlässigen Böden kultivieren. Böden, die staunasse Verhältnisse aufweisen, sind nicht geeignet. Falls der Boden keinen ausreichenden natürlichen Kalkgehalt aufweist, kann gegebenenfalls auch eine Kalkdüngung erfolgen. Wenn eine Kultivierung im größeren Maßstab angedacht ist, muss unbedingt eine Bodenanalyse durchgeführt werden, um die Erfolgschancen zu erhöhen. Das Unternehmen „Trüffelgarten" bietet hier ein Kooperationsmodell an, bei dem die Standortbedingungen untersucht und analysiert werden.

Ertrag

Der Ertrag kann sehr stark variieren, so werden frühestens ab dem 3. oder 6. Jahr nach der Pflanzung Trüffeln hervorgebracht. Man kann etwa mit 150–300 g Trüffelertrag pro Baum rechnen. Jedoch hängt es von vielen Faktoren ab, wie erfolgreich eine Kultivierung ist. In guten Jahren können auch mehrere Kilogramm erwirtschaftet werden. Für eine 1 Hektar große Fläche kann der Ertrag beispielsweise zwischen 15–30 kg und 150 kg variieren.

Beimpfungserfolg vom Produzenten

Wenn ein Trüffelbäumchen von „Trüffelgarten" erworben wird, garantiert der Produzent für die erfolgreiche Besiedlung des Pflanzgutes. Der weitere Verlauf hängt von unterschiedlichen Faktoren ab. Da es erst wenige Erfahrungsberichte über den Anbau in Österreich gibt, kann keine Ertragsgarantie gewährleistet werden. Wenn alle Pflege- und Pflanzenhinweise beachtet werden, kann man mit etwas Geduld dann die wertvollen Pilze ernten und die Mühe wird belohnt.

Angebote für Landwirte und für alle, die in eine Trüffelzucht investieren wollen: Für den Raum Niederösterreich und dem nördlichen Burgenland bietet „Trüffelgarten" ein Kooperationsmodell an, in dem man bei den wichtigsten Schritten der Trüffelkultivierung begleitet wird. Gleich vorweg: Die Kosten für 1 Hektar Trüffelgarten belaufen sich auf etwa 15.000–22.000 Euro Investitionskosten (Bäume, Zäune, Bewässerung, Bodenbearbeitung etc.). Der Anbau von Trüffeln ist somit chancenreich, aber auch risikobehaftet.

Fotos: Tony Pla

Burgundertrüffel (Tuber aestivum var. *uncinatum)*

Perigord Trüffel (Tuber melanosporum)

Frühlingstrüffel (Tuber borchii)

Für jene, die sich auch schon mit ein paar Trüffelbäumchen für den Eigenbedarf zufriedengeben, stellt das Pflanzgut von „Trüffelgarten" eine optimale regionale Alternative zu den im Handel kostspieligen Pilzen dar.

Erfolgreiche Ernte von Burgundertrüffeln

Trüffelsuche und Erntezeitpunkt

Nun bleibt eigentlich nur mehr die wichtige Frage, wie man denn die Trüffeln im eigenen Garten finden kann. Bekannt sind vor allem Schweine und Hunde, die sich zum Aufsuchen von Trüffeln eignen, doch diese werden oft nicht benötigt, wenn es nur einzelne Pflanzen im Garten sind.

Schütteres Gras weist auf die unterirdisch wachsenden Trüffeln hin (vergleichbar mit der schütteren Grasnarbe unter einem Nussbaum). Eine zweite Methode, die keine gute Nase, aber gute Augen benötigt, ist die Suche mittels Trüffelfliegen (*Suillia tuberiperda*). Diese Tierchen schwirren gerne direkt über den im Boden versteckten Trüffeln. Scheucht man sie mit einem Stab auf und verfolgt ihren Weiterflug, kennzeichnen sie den Fundort der Trüffeln. Manchmal können die Trüffeln auch aus der Bodenoberfläche stoßen – also am besten ganz genau hinschauen.

Erntezeitpunkt für die Périord Trüffel ist im Winter, für die Burgundertrüffel Sommer bis Spätherbst. Der genaue Zeitpunkt ist von den Witterungsbedingungen abhängig und von Jahr zu Jahr verschieden.

Baumarten, die für die Zucht von Trüffeln geeignet sind

Es gibt mehrere Faktoren, die bei der Auswahl des Baumes und der Trüffelart berücksichtigt werden müssen. So muss das Trüffelbäumchen an die auf einem Standort vorherrschenden Bedingungen angepasst sein. Die richtige Baumart stellt auch einen wichtigen Faktor zum Gelingen einer Trüffelkultivierung dar.

- **Hainbuche** (*Carpinus betulus*): Sie ist anpassungsfähig und kann gestalterisch gut in einen Garten integriert werden, z.B. als Hecke. Günstig sind auch die Schnittverträglichkeit und die Eignung als Wirtsbaum für die Trüffeln.
- **Baumhasel** (*Corylus colurna*): Sie zeichnet sich durch ihre Widerstandsfähigkeit in Bezug auf Trockenheit aus. Somit ist sie für trockenere Standorte gut geeignet und man kann neben den Trüffeln auch noch Nüsse (dickschalig) ernten.
- **Eichen** (*Quercus cerris, Quercus robur, Quercus pubescens*): Die jeweilige Baumart eignet sich für unterschiedliche Standorte. Diese reichen von trocken-warmen Standorten (*Q. pubescens*) bis zu mäßig lehmigen Böden in heißeren Gegenden (*Quercus cerris*). Der Standort sollte jedoch nur so lehmig sein, dass es nicht zu Staunässebildung kommen kann – dies hätte negative Auswirkungen auf die Trüffeln.
- **Atlas-Zeder** (*Cedrus atlantica*): Sie kann eine Höhe von bis zu 40 m erreichen. Geeignet ist diese Zeder für wintermilde Gebiete. Sie besitzt eine gute Trockenheitstoleranz, jedoch sind auch Gegenden mit starken Frösten nur geeignet, wenn für entsprechenden Schutz gesorgt werden kann. Das Potenzial für die Trüffelkultivierung ist vielversprechend.
- **Schwarzkiefer** (*Pinus nigra* ssp. *austriaca*): Diese frostharte Kieferart kann als Wirts-

baum für die Burgundertrüffel vom östlichen Rand der Alpen bis in tiefer liegende Gebiete verwendet werden. Sie benötigt jedoch viel Licht und einen steinig, kalk- und dolomitreichen, wenig fruchtbaren Boden.

Anlage eines Pilzbeets

Die Anlage eines Pilzbeets ist unkompliziert und nicht zeitaufwändig. Die beste Zeit für die Beimpfung ist der Frühling, Mitte bis Ende Mai ist meist kein Nachtfrost mehr zu erwarten. Dabei ist es günstig, eine Pilzbrut zu verwenden, die einen höheren Holzanteil hat. Denn wenn mit Getreidepilzbrut beimpft wird, lockt dies schnell Mäuse und andere Schädlinge an, die dann eine Besiedelung des Nährsubstrats verhindern können.

Zur Anlage eines Pilzbeetes können unterschiedliche Materialien verwendet werden. Oft wird Stroh, Laubholz-Hackschnitzel oder Kompost in das Beet eingebracht. Natürlich muss das Substrat jeweils auf die Pilzart abgestimmt werden.

Vorbereitung eines Pilzbeets – für Garten, Wald, Acker oder Feldraine

Benötigte Materialien:

- 2 1/2 l Pilzbrut auf Holz-Stroh-Basis (mit Laubholz-Hackschnitzeln und Sägemehl)
- 2 Strohballen oder gehäckseltes, trockenes Stroh
- Abdeckmaterial (eventuell Erde)

Alternative zu Stroh:

- 15 l Laubholz-Hackschnitzel (unbehandelt)
- 10 l Sägemehl grob
- 10 l Sägemehl fein
- Abdeckmaterial: Rindenmulch, Stroh oder Erde
- Spaten und Schaufel

Für den Anbau von Schopftintling, Austernseitling und Braunkappe wird gehäckseltes Stroh in das Beet eingearbeitet. Eine Kombination aus Hackschnitzeln und zusätzlichem Stroh ist einen Versuch wert.

Kleine Braunkappe auf Stroh

Falls ein Beet im Garten, Wald oder auf Feldrainen angelegt werden soll, wählt man einen schattigen Platz unter Bäumen und Sträuchern. Bei Bedarf kann auch künstlich Schatten erzeugt werden – gegebenenfalls sollte verstärkt auf das Mikroklima geachtet werden. Wenn mehrere Beete nebeneinander entstehen sollen, sollte darauf geachtet werden, genügend Abstand zwischen ihnen zu lassen. So können die Pilze besser gepflegt werden.

Die Beimpfung

Mit dem Spaten wird ein 60 x 60 cm großes Beet mit einer Tiefe von etwa 10 cm ausgehoben. Alternativ kann auch mit einer rechteckigen Holzkonstruktion mit denselben Maßen gearbeitet werden. Als 1. Schicht wird Wellpappe (nicht bedruckter Karton) in die Grube gelegt. Darauf verteilt man die Hälfte des trockenen Strohs oder der Hackschnitzel und bewässert mit einem Gartenschlauch. Nach 10 Minuten ist das Beet ausreichend nass, nun kann es beimpft werden. Die Pilzbrut wird im Sack gut aufgeschüttelt, damit sie später gleichmäßig auf der ganzen Fläche verteilt werden kann. Die Brut wird aufgetragen und anschließend mit dem verbleibenden Stroh bzw. den Hackschnitzeln zugedeckt. Die neuen Schichten bewässert man nochmals für etwa 10 Minuten.

Zucchini und Schopftintlinge sind eine ideale Mischkultur

Durchwachsphase

Das Beet wird etwa einmal pro Woche in Bezug auf den Feuchtigkeitsgehalt kontrolliert. Als Faustregel gilt: Wenn sich das Beet ab einer Tiefe von 3 cm trocken anfühlt, wird etwas gegossen. Das Beet kann während dieser Zeit (4–6 Wochen) mit einer Gewebeplane abgedeckt werden. Bei lang andauerndem Regen ist das Beet ebenfalls zu bedecken. Bei optimalen Bedingungen in der Durchwachsphase kann noch im gleichen Jahr mit Pilzen gerechnet werden. Bei einer Hackschnitzel-Stroh-Kombination können auch in den Folgejahren weitere Fruchtkörper wachsen. Diese Phase ist beendet, wenn sich das Myzel sichtbar auf dem Substrat ausgebreitet hat.

Pflege der Kultur

Nach der Durchwachsphase wird die Plane entfernt. Bei Kulturträuschlingen sollte eine 5 cm dicke Erdschicht aufgetragen werden. Wenn Pilzansätze zu erkennen sind, wird jeden Tag gegossen. Da auch Schnecken ein Problem darstellen können, wird empfohlen, für ausreichend Schutz zu sorgen – z.B. mit einem Schneckenzaun. Auf keinen Fall sollten Sie Schneckenkorn oder andere chemische Schädlingsbekämpfungsmittel einsetzen, denn die darin enthaltenen Giftstoffe können von den Pilzen aufgenommen werden. Wurde z.B. ein Rahmen für das Beet gebaut, kann ein einfaches wasserdurchlässiges Gartenvlies über der Konstruktion angebracht werden – auch das schützt die Kultur vor Schnecken.

Vor dem Winter kann zur Nahrung und zum Schutz der Pilzbeet-Kultur eine etwa 5 cm dicke Schicht Laubholz-Hackschnitzel aufgetragen werden. Die Feuchtigkeit wird dann wieder ab dem nächsten Frühjahr kontrolliert.

Unser Tipp: Gemüsebeete können von Pilzen und Pflanzen gleichzeitig genutzt werden. Im zeitigen Frühjahr wird ein Strohbeet mit Seitlingen beimpft und später werden die Jungpflanzen dazugesetzt. Dabei schiebt man das Stroh etwas zur Seite und gräbt die Jungpflanzen im geeigneten Abstand in die Erde. Die Jungpflanzen sollten schon so groß sein, dass sie aus den Strohschichten herausragen. Die Kombination aus Pilz- und Gemüsebeet hat sich als äußerst kompatibel erwiesen. Bei der Wahl der Gemüsearten sollten schattentolerante Pflanzen gewählt werden. Zucchini oder Kürbispflanzen sind ebenfalls gut geeignet, da sie durch die großen Blätter schnell Schatten spenden.

Besonderheit: Schopftintling in Beetkulturen und „Pilztopf“

Um Schopftintlinge zu kultivieren, gibt es mehrere Möglichkeiten in Bezug auf die verschiedenen Standorte. Hat man das Glück, dass sich in der näheren Umgebung ein Champignonzüchter befindet, kann man von dort unbeimpftes Champignonsubstrat (Champost) beziehen. Dieses muss nur mehr mit Schopftintlingbrut beimpft werden und hat den Vorteil, dass man es nicht mehr sterilisieren muss. Wird das Substrat mit der Brut vermischt, sollte es an einem sauberen Ort zum Durchwachsen aufgestellt werden. Plastikkübel oder Blumentöpfe eignen sich gut als Kulturbehälter. Um einen Befall durch Trauermücken zu verhindern, kann ein Gartenvlies über den Rand gespannt werden.

Schopftintling

Schopftintling (*Coprinus comatus*)	
Empfohlenes Nährmedium	• fermentiertes Kompostsubstrat • Strohsubstrat oder Mischkultur mit Pflanzen
Ansprüche an die Umgebung	• Temperatur: Durchwachsphase 21–27 °C, Fruchtungsphase 18–24 °C • Fruchtkörperbildung wird durch niedrige Temperatur ausgelöst
Ernte	• abhängig von Kulturstandort: im Garten (Anlage: April–Juli), im Keller ganzjährig möglich • rechtzeitig ernten, da die Pilze schnell zu Tinte zerfließen
Besonderheiten	Dieser Pilz zählt zwar grundsätzlich zu den Sekundärzersetzern, da die Grenzen zu den Primärzersetzern aber fließend verlaufen, kann eine Kultivierung auf Stroh-Komposterde-Substrat oder in Gemüsemischkulturen ebenfalls gelingen
Kulinarisches Profil	paniert oder gebraten ein wahrer Leckerbissen

Geeignete Pilzarten zur Beimpfung von Strohbeeten und Hackschnitzel-Stroh-Beeten	
Pilzart	**Besonderheiten**
Kulturträuschling (*Stropharia rugoso annulata*)	Strohbasis mit Deckerde
Schopftintling (*Coprinus comatus*)	Stroh-Hackschnitzel-Kompost als Basis mit Deckerde oder Substrat im Gemüsebeet einbringen
Seitlinge (Lungenseitling, Gelber Austernseitling, Ulmenseitling)	• Strohbasis • geeignet für eine Kombination mit Gemüsepflanzen (Blattsalate, Spinat, Mangold, Erbsen, Walderdbeeren, Zucchini, Kürbis)

Anlage einer Mischkultur

Eine weitere Kultivierungsform, die von dem Pilzzüchter Walter Haidvogl empfohlen wird, ist die Beimpfung eines Bodenbeetes. Zucchini wachsen beispielsweise in der Nähe von Kompostplätzen, dieser Standort kann ebenfalls für einen Schopftintlinganbau verwendet werden. Das im Handel erhältliche Fertigsubstrat oder die Pilzbrut wird zu den Zucchinipflanzen in ein Bodenbeet eingemischt. Dazu gräbt man ein Loch in die Erde (an einer Stelle, wo es bereits eine Beschattung gibt) und setzt den Substratblock hinein (gilt auch für die Pilzbrut). Anschließend wird alles mit einer Schicht (7 cm) frischer Komposterde bedeckt.

Tipp von Walter Haidvogl: Eine gute Deckerde zeichnet sich dadurch aus, dass der Luftaustausch zum Substrat nicht behindert wird und die Erde beim Gießen nicht verschlämmt (krümelige Struktur). Man kann auch 2–3 Teile Gartenerde mit 1 Teil Torf mischen. Die Erde muss schon vor dem Aufbringen auf das Substrat befeuchtet werden.

Durchwachsphase

Die Mischkultur begünstigt die benötige Feuchtigkeit, die großen Blätter spenden optimalen Schatten für die Pilzkultur. Je nach Temperatur und Jahreszeit hat sich das Myzel in 2 Monaten verbreitet und die angelegte Schopftintlingkultur beginnt zu fruchten. Eine Anlage von Frühjahr (April) bis in den Sommer (Juli) ist möglich.

Ernte der Pilze

Im Jahr der Anlage kann mit mehreren Erntewellen gerechnet werden. Eventuell erscheinen auch im darauffolgenden Jahr nochmals einige Schopftintlinge. Wichtig ist, die Pilze nicht überreif zu ernten, da sie sich sonst schnell zersetzen und zu Tinte zerfließen.

Besitzt man keinen Garten, kann natürlich auch ein Fertigsubstrat aus dem Handel gute Erträge bringen (→ auch Fertigkultur – ideal für die Winterzeit S. 58).

Mykorestaurierung

Einigen Pilzen ist es möglich, sich mit etwas Hilfe im Boden zu etablieren. Sie können helfen, den Boden zu entgiften und diesen wieder ins Gleichgewicht zu bringen. Die sogenannte Mykorestaurierung ist ein relativ neues Forschungsgebiet, es birgt jedoch ein großes Potenzial und es wurden bereits einige Erfolge im Hinblick auf die Entgiftung kontaminierter Böden erzielt.

Wenn Pilze Holz in seine primären strukturellen Bestandteile zersetzen, tun sie das mithilfe von Enzymen. Durch diese Enzyme ist es den Pilzen in der Natur gelungen, Schwermetalle und Toxine zu neutralisieren, zu lösen oder zu transferieren. Wird nun ein Pilzsubstrat gemeinsam mit einem geeigneten Nährmedium (z.B. befeuchteten Hackschnitzeln) in den Boden eingemischt, können die im Boden enthaltenen Schadstoffe aufgenommen werden. Das Myzel durchwächst den Boden, dabei werden einzelne Giftstoffe direkt oder in ihre Bestandteile zerlegt absorbiert. Wenn sich Fruchtkörper bilden, müssen diese geerntet und entsorgt werden. Geeignete Pilze für die Mykorestaurierung sind das Stockschwämmchen, der Samtfußrübling, der Austernseitling, der Kulturträuschling und der Lackporling.

Holzstubbenbeimpfung – Speisepilze unterstützen die biologische Rodung

Viele Pilzarten zersetzen, wie bereits erläutert, Holz. Die biologische Rodung von Baumstümpfen wurde bereits vor über 20 Jahren in Ungarn auf Pappelholzstubben angewendet. Die Pappel wurde zur Herstellung von Papier oder zur Holzgewinnung verwendet. Dadurch entstanden Stubben, die damals nicht gerodet werden konnten. Durch die Beimpfung mit Austernseitlingen ergab sich eine Doppelnutzung.

Ein weiteres Beispiel findet sich in den USA, dort wird der Südliche Schüppling an unterschiedlichen Laubbäumen angebaut. In Kieferwäldern wird seit längerem der Klapperschwamm (*Grifola frondosa*), ein gefragter Heilpilz, mit Erfolg kultiviert. Dieser Pilz wächst aber nicht nur auf Kiefern, sondern auch auf Lärchen und Fichten.

Die möglichen Beimpfungsstandorte sind quasi unerschöpflich. In jedem Garten oder Wald, auf jedem Feldrain finden sich Stubben, die zur Kultivierung von Pilzen geeignet wären. Der essenzielle Faktor ist jedoch der Zeitpunkt der Beimpfung. Der Stumpf sollte vor weniger als 3–4 Monaten entstanden sein, wartet man zu lange, sinkt der Beimpfungserfolg. Es gilt zu bedenken, dass die Durchwachsphase durch das große unterirdische Wurzelwerk und die noch vorhandenen Abwehrkräfte länger dauern kann. Aufgrund der einfachen Handhabung wird hier die Bohrlochmethode empfohlen.

Bohrlochmethode

Mit einem akkubetriebenen Schlangenbohrer wird die Stubbe im Abstand von 5–7 cm mit Löchern von 8–12 cm Tiefe versehen. Ein Bohrlochdurchmesser von etwa 16–22 mm wird empfohlen. Die Anzahl der Impfstellen sollte nicht zu gering sein – am besten werden dieses gleichmäßig versetzt über den Stamm verteilt. Es kann seitlich und von oben beimpft werden.

Die zerbröckelte Getreidebrut wird dann vorsichtig mit einem Stäbchen eingefüllt und verschlossen. Ein passender Trichter erleichtert das Einfüllen der Brut. Zum Verschließen kann man Holzplättchen verwenden, die mit einem Hammer eingeschlagen werden. Die Pilzbrut ist auf diese Weise vor Schädlingen sowie vor dem Austrocknen geschützt.

Zusätzlich sollten die Impfstellen mit Wachs überstrichen werden. Eine andere Möglichkeit ist, die Holzplättchen in aufgewärmtem, verflüssigtem Bienenwachs bzw. Käsewachs zu tränken. Am Ende wird mit einem Tacker auf den Schnittflächen Moos angebracht. Der Stamm trocknet dadurch weniger aus.

Unser Tipp: In Baumärkten sind Buchenrundstäbe mit passenden Durchmessern verfügbar. Die Stäbchen werden in Scheiben (5–10 mm) geschnitten und dienen zum Verschluss der Bohrlöcher.

Benötigte Materialien für die Bohrlochmethode:

- Getreidepilzbrut
- akkubetriebener Schlangenbohrer (Bohrdurchmesser: 16–22 mm)
- Stäbchen für ein erleichtertes Einfüllen
- Trichter zum Befüllen der Bohrlöcher
- Hammer
- in Wachs getauchte Buchenscheibchen
- Moos (zum Abdecken der Schnittfläche)
- Tacker (zum Befestigen des Mooses)

Alternativ kann Dübelbrut verwendet werden. Um den Besiedlungserfolg zu gewährleisten, wird eine große Anzahl an Dübeln in die Stubbe eingebracht. Auch hier ist das Verschließen mit Wachs wichtig (→ Dübelimpfmethode S. 22).

Wenn man nicht im eigenen Wald oder Garten Stubben beimpft, sollten immer die Besitzer um Einverständnis gebeten werden. Meist zeigen sie sich als sehr kooperativ und freuen sich über die „Doppelnutzung". Nimmt man sich die Zeit, den Vorgang zu beschreiben, sinkt die anfängliche Skepsis schnell. Dabei ist auch zu erwähnen, dass die verwendeten Pilzarten gesunde Bäume nicht „infizieren" können.

Ein Weidenstock wird beimpft

Die Löcher können von oben und von der Seite in den Stamm gebohrt werden

Die Brut wird eingefüllt …

… und mit Holzscheibchen verschlossen

Materialbedarf bei einer Stubbenbeimpfung

Feldrain im Waldviertel

Passende Pilzbrut zur Baumart auswählen

Unser Versuch: Im Winter 2013 wurde in der Nähe des Waldviertler Pilzgartens ein verwachsener Feldrain ausgelichtet. Dies war nötig, da zu viel Schatten auf den Acker fiel – deshalb mussten Pappeln, Kirschen, Weiden, Eichen, Birken, etliche Haselnusssträucher und Holunderstauden herausgeschnitten werden. Nachdem wir die Zustimmung des Bauern erhalten hatten, beimpften wir nach etwa 3 Monaten (April–Mai) die entstandenen Stubben. Wir hatten unterschiedliche Pilzbruten zur Verfügung (Gelber Austernseitling, Taubenblauer Austernseitling, Lungenseitling, Winterausternseitling, Shiitake, heimisches Stockschwämmchen, Samtfußrübling). Da wir etwa 20 Stubben mit unterschiedlichen Durchmessern beimpfen wollten, galt es, für jede Baumart geeignete Pilzarten auszuwählen.

Austernpilze haben allgemein ein sehr starkes, vitales Myzel, daher beimpften wir die Wildkirschen mit unterschiedlichen Seitlingen. Auf den Pappeln wurde mit Shiitakes und Austernseitlingen gearbeitet. Die Weiden und Haselnusssträucher wurden mit Samtfußrübling beimpft.

Bei den Birken mussten wir etwas länger mit dem Beimpfen warten, da diese Bäume nach dem Fällen einen extremen Saftfluss auf der Schnittfläche aufweisen und sich dort schnell viele Konkurrenzorganismen ansiedeln. Wartet man einige Wochen, kann die oberste Schicht der Stubbe entfernt werden und anschließend mit heimischen Stockschwämmchen oder Nameko beimpft werden.

Bei Holunderstauden würde das Judasohr einen passenden Pilz darstellen. Da die Stubben nun ohne Schatten leicht austrocknen konnten, brachten wir auf jeder Schnittfläche Moos an. Findet man kein Moos, kann der

Stumpf mit Ast- und Blätterwerk bedeckt werden. Die umliegende Vegetation der Stubben hat durch das Licht bessere Chancen zu wachsen, dies wiederum ist förderlich für das Mikroklima und die Beschattung. Je mehr Pilzbrut verwendet wird, desto chancenreicher ist die Besiedelung. Erste Erträge können durchaus 2–3 Jahre auf sich warten lassen. Die Beschriftung der Bäume mit der jeweils verwendeten Pilzart ist zur Kontrolle der Fruchtungszeit wichtig. Nach mehreren Jahren vergisst man schnell, mit welchem Pilz man das Holz beimpft hat. So wird man im Sommer mehr auf Gelbe Austernseitlinge achten und im Herbst das mit Taubenblauen Austernseitlingen oder Stockschwämmchen beimpfte Holz unter Beobachtung halten.

Es gibt mehrere Faktoren, die zum Erfolg oder Misserfolg führen können. Beeinflussen kann man die verwendete Myzelmenge, den Beimpfungszeitpunkt (Frühjahr) und die Pflege in der Durchwachsphase. Doch auch die Natur muss ihren Beitrag leisten: schnell wachsende Vegetation zur Erhöhung des feuchten Mikroklimas und ausreichend Regen sind die wichtigsten Elemente.

Ein weiteres Beispiel für eine erfolgreiche Stubbenbeimpfung findet sich im Burgenland. Dort wurden Eichenstubben mit Shiitake beimpft und brachten über mehrere Jahre Pilze hervor. Dies ist besonders erwähnenswert, da dies laut Fachliteratur nicht möglich wäre.

Zusammenfassend kann gesagt werden, dass die Beimpfung von Stubben einen Beitrag zur Artenvielfalt und eine gute Alternative zu aufwendigen Rodungsarbeiten darstellt. Man erhält nicht nur gute Speisepilze, sondern es verkürzt sich auch der Verrottungsprozess des Holzes.

Bereits im Jahr der Beimpfung erscheinen etwas versteckt die ersten Winterausternseitlinge

Lungenseitlinge im Pilztopf

Innenhof- und Balkon-Pilzgärten

Denkt man an Pilze, assoziiert man damit meist einen grünen wuchernden Garten oder einen feuchten, mit Moos bewachsenen Schattenplatz. Das erscheint logisch, da Pilze im feuchten Milieu gut gedeihen.

Was tut man nun, wenn man keinen passenden Garten oder gar ein Waldstück besitzt? Innenhöfe oder ein Balkon können mit etwas Geschick ebenfalls in Pilzgärten umfunktioniert werden. Man benötigt lediglich etwas Erfindungsreichtum und einen grünen Daumen, um mitten in der Stadt oder in einem Innenhof Pilze wachsen zu lassen.

Sollen Pilze am Balkon oder im Innenhof gedeihen, benötigt man zusätzlich eine Bepflanzung mit Schatten spendenden Gemüse- oder Zierpflanzen.

Kriterien für einen passenden Standort

- ein windgeschützter Platz
- etwas Schatten sollte vorhanden sein oder geschaffen werden
- freier Platz zum Gestalten: Es müssen etwa 1–2 m² zur Verfügung stehen
- ein Wasseranschluss in der Nähe wäre günstig

Anlage eines Balkon-Pilzgarten

Als ersten Schritt ist zu entscheiden, wie viel Platz man den Pilzen zur Verfügung stellt. Bei 1–2 m² kann eine Kombination aus verschiedenen Kultursystemen zielführend sein. Das bedeutet für diese Fläche etwa 3 eingegrabene Pilzstämme und eventuell noch 2 Strohpelletskulturen.

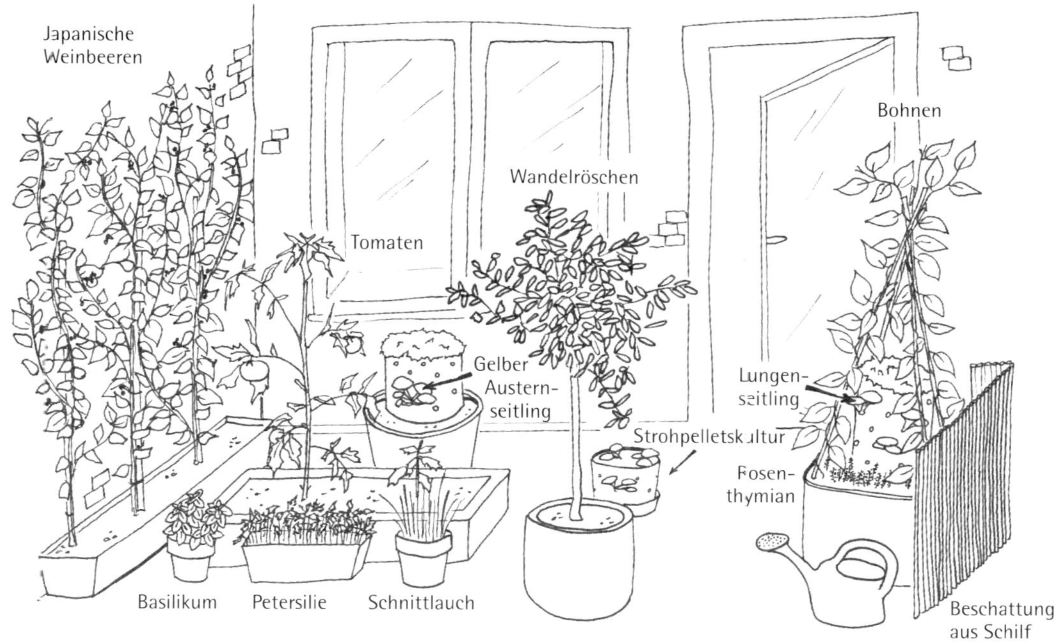

Balkongarten mit Pilzkulturen

Eingegrabene Stämme können entweder als bereits beimpfte Stämme fertig gekauft oder selbst beimpft werden. Im zweiten Fall gibt es einige wichtige Details, die zu beachten sind. Pilze wie der Gelbe oder Taubenblaue Austernseitling wie auch das heimische Stockschwämmchen sind für Topfkulturen geeignet. Wird selbst beimpft, gestaltet sich in diesem Fall die Durchwachsphase etwas anders als für den Garten beschrieben. Der 1-Meter-Stamm wird sofort gedrittelt und die Bohrlochmethode angewendet (→ Bohrlochmethode S. 24). Die Getreidebrut wird in die Bohrlöcher gefüllt und anschließend entsprechend versiegelt. Danach werden die 3 Stämmchen sofort in einen geeigneten „Pilztopf" eingepflanzt.

Ein Pilztopf bezeichnet einen Topf, der mit Erde befüllt wird und in den ein beimpfter Holzstamm eingesetzt wird. Damit der Stamm weniger Feuchtigkeit verliert, sollte unbedingt Moos auf der Stammschnittfläche befestigt werden. Der Durchmesser des Topfes sollte mindestens so groß sein, dass noch 7–15 cm Abstand zum Rand bleiben. Dieser Abstand ist auch wichtig, um in demselben Topf einige Pflanzen einzusetzen. Da der Topf später sehr schwer wird, sollte kein Tontopf verwendet werden. Das Wasser muss unbedingt abfließen können, daher wird empfohlen, einen Plastiktopf mit Abrinnlöchern und einen geeigneten Untersetzer zu besorgen. Der Behälter wird etwa zu einem Drittel mit Kies oder Sand gefüllt, darauf folgt ein weiteres Drittel Gartenerde. Der frisch beimpfte Stamm wird nun in den Topf gesetzt und mit dem letzten Drittel guter Gartenerde angefüllt. Die verwendete Erde sollte eine gute Wasserspeicherkapazität haben – verwenden Sie daher keine normale Blumenerde. Um den eingegrabenen Kulturen die bestmöglichen Bedingungen für die einjährige Durchwachsphase und die folgenden Erntesaisonen zu geben, muss nun entschieden werden, welche Pflanzen zur Beschattung günstig erscheinen.

Kapuzinerkresse als Schatten spendende Pflanze

Tomatenpflanzen eignen sich optimal, um etwas Schatten für die Pilzstämme zu erzeugen. Je dichter der Bewuchs einer „Pflanzenwand", desto einfacher ist es, den Pilzstämmen ein geeignetes Mikroklima bereitzustellen. Ein Wandelröschenbusch schützt z.B. auch vor der starken Sonneneinstrahlung am Balkon. Eine andere Variante wäre, rankende Pflanzen wie Erbsen, Bohnen oder Gurken direkt zum Pilzstamm zu setzen. Der polsterartig wachsende Rosenthymian kann zusätzlich auf den freien Stellen im Topf zur Bodenbedeckung dienen. Der Topf muss hier um einiges größer sein. Denn nicht nur der Pilz muss sich mit der Erde verbinden, sondern es müssen auch genügend Nährstoffe und Substrat für die Pflanzen zur Verfügung stehen.

Die Kombination Pilz-Gemüse-Topf ist neben der kulinarischen Erweiterung auch eine Augenweide. Natürlich kann auch mit Zierpflanzen gearbeitet werden. Hier sind Pflanzen wie Clematis, Trichterwinde, Glockenrebe, Kapuzinerkresse, schwarzäugige Susanne, wilder Wein und viele andere rankende bzw. kletternde Pflanzen verwendbar. Da im 2. Jahr (nach einjähriger Durchwachsphase) verstärkt Schatten benötigt wird, kann der „Pilztopf" auch erst im 2. Frühjahr bepflanzt werden. In der Durchwachsphase sollte er möglichst an einem schattigen, windgeschützten Ort platziert werden. Eine weitere Möglichkeit ist es, künstlich Schatten zu schaffen – z.B. mithilfe von Schilfmatten, die auf dem Geländer befestigt werden.

Der Feuchtigkeitsgehalts sollte immer wieder kontrolliert werden: diesen kann man entweder an der Vitalität der Pflanzen, an der Feuchtigkeit in der Erde oder an der Moosoberfläche beurteilen. Nach dem Gießen sollte das überschüssige Wasser aus dem Untersetzer entfernt werden. Die unterschiedlichen Ansprüche der jeweils gewählten Pilzart sind ebenfalls zu berücksichtigen (→ Pilzporträts S. 42).

Im Winter verbleiben die Pilztöpfe einfach draußen. Im darauffolgenden Frühjahr kann das Erdmyzel, das sich mittlerweile unter dem Stamm gebildet haben sollte, überprüft werden. Sieht man weiße Pilzfäden unter dem Stamm, bedeutet dies, dass eine erfolgreiche Besiedlung des Holzes stattgefunden hat. Geben Sie nicht auf, falls sich im 1. Jahr nach der Durchwachsphase keine Pilze bilden – eventuell sind die Umweltbedingungen in der Fruchtungszeit nicht optimal gewesen. Der Stamm sollte dennoch weiterhin unter Beobachtung gehalten werden. Etwas Geduld ist hier erforderlich.

Wird nur ein 1-metriger Stamm beimpft, benötigt man dazu weniger als 2 l Pilzbrut. Mit der verbliebenen Menge können 2 Töpfe Strohpelletskulturen angelegt werden. Das bietet sich auch an, um in kürzester Zeit einen kleinen Vorgeschmack auf die mehrjährige Ernte zu erhalten.

Geeignete Pilzarten für Balkon und Innenhof			
Pilzarten	**Erntezeitpunkt**	**Besonderheiten**	**Kombinierbare Pflanzen***
Seitlinge: Gelber Austern-seitling, Lungenseitling	Juni–August	• Pilze kommen auch aus dem nahegelegenen Erdreich heraus • eventuell für Schneckenschutz sorgen (→ Schneckenschutz S. 90)	• **Gemüsepflanzen:** Paradeiser/Tomate (*Solanum lycopersicum*) Gurke (*Cucumis sativus*) Stangenbohnen (*Phaseolus vulgaris* ssp. *vulgaris* var. *vulgaris*) Erbse (*Pisum sativum* ssp. *sativum*) Zucchini (*Cucurbita pepo*) Melanzani (*Solanum melongena*) Japanische Weinbeere (*Rubus phoenicolasius*) • **Kräuter und essbare Zierpflanzen:** Thymian (*Thymus*) Shiso (*Perilla frutescens*) Basilikum (*Ocimum* spp.) Borretsch (*Borago officinalis*) Minze (*Mentha*) Kapuzinerkresse (*Tropaeolum majus*) Mauritanische Malve (*Malva sylvestris* var. *Mauritiana*) • **Zierpflanzen:** Waldrebe (*Clematis*) Trichterwinde (*Ipomoea*) Glockenrebe (*Cobaea scandens*) Schwarzäugige Susanne (*Thunbergia alata*) Wilder Wein (*Vitis vinifera* subsp. *sylvestris*)
Taubenblauer Austernseitling	April–Mai; September–Oktober		
Heimisches Stockschwämmchen	April–Mai; September–Oktober		
Nameko	September–Oktober	in den Herbstmonaten feucht halten und für Beschattung sorgen	
Shiitake	Juni–Juli; August–September	• Stamm muss getaucht werden • wächst nur in begrünten Innenhöfen	
Leuchtpilz	Sommermonate	• nicht essbar • ein Gestaltungselement der besonderen Art • nur auf sehr dunklen Standorten verwendbar • die Fruchtkörper leuchten im Dunkeln	

* Empfohlene Pflanzabstände und Platzbedarf beachten

Unser Tipp: Im Kapitel „Standort Haus und Keller" (→ S. 56) finden Sie detaillierte Beschreibungen zur Anlage von Strohpelletskulturen.

Innenhöfe eignen sich ebenfalls für die Anlage eines Pilzgartens. Die oben erwähnten Kriterien und Hinweise gelten gleichermaßen für diesen Standort. Da entsprechend mehr Platz zur Verfügung steht, kann bei ausreichender Beschattung eine größere Anzahl an Stämmen beimpft werden. Es bietet sich auch an, unterschiedliche Arten von Pilzen zu kultivieren. Ist der Innenhof bereits begrünt und ein entsprechendes Mikroklima vorhanden, können auch Shiitakestämme aufgestellt werden. Eine Wassertonne zum Tauchen muss in diesem Fall zur Verfügung stehen. Bei betonierten Flächen wählt man eher nur Pilzarten aus, die in Töpfen kultiviert werden können. Im Innenhof entscheidet man sich natürlich für den schattigsten Platz.

Unser Tipp: Zimmerpflanzen, die zur Sommerzeit im Hof um die Pilzkulturen aufgestellt werden, leisten ebenfalls gute Dienste zur Beschattung.

Selbst gebautes Pilzhaus im Garten

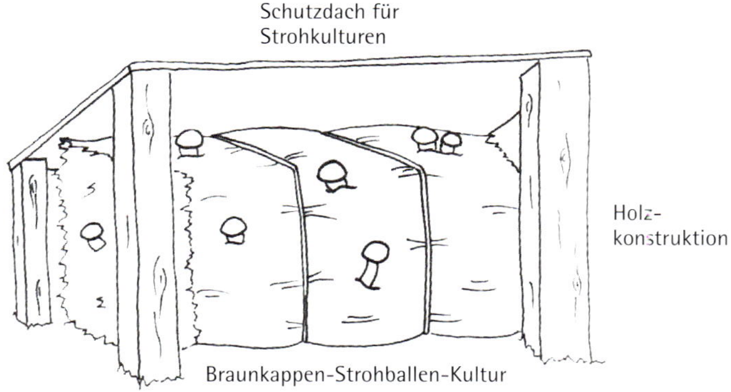

Schnelle Lösung, um ein schattiges Plätzchen für die Pilzkulturen zu bauen

„Behütete" Umgebung für alle Jahreszeiten

Auch Pilze benötigen manchmal etwas Schutz vor zu starker Sonneneinstrahlung, zu viel Regen oder ungünstigen Wettersituationen. Manche Pilze (z.B. Reishi, Affenkopfpilz, Rosa Seitling) verlangen mehr Aufmerksamkeit sowie eine speziellere Kulturführung als andere leichter zu kultivierende Pilze. Deshalb bietet es sich an, diese Kulturen in einer geschützten Atmosphäre anzubauen.

Es gibt mehrere Möglichkeiten, die für Schutz an unterschiedlichen Standorten sorgen:

- Schutzdach über Gartenkulturen
- Pilzhaus bzw. Folienhaus im Schatten
- Zimmergewächshaus (einfach oder mit technischem Equipment)

Vorteile einer „behüteten" Umgebung:

- Temperaturschwankungen werden ausgeglichen
- höhere Luftfeuchtigkeit bleibt erhalten
- verminderter Schädlingsbefall
- einfache Kontrollmöglichkeit
- Schutz vor ungünstigen Wetterbedingungen
- Pilze wachsen schneller heran
- mehrere Erntewellen

Schutzdach im Garten errichten

Ein Schutzdach kann wichtig werden, wenn es über längere Zeit sehr viel regnet oder im Garten kein ausreichend schattiger Platz zur Verfügung steht. Strohkulturen werden durch anhaltende Regenperioden oft eingenässt und das Myzel kann sich nicht optimal im Strohballen ausbreiten und stirbt eventuell ab. Für Erdpilzbeete kann es auch nützlich sein, ein Schutzdach zu errichten. Wird das Dach über der Kultur nur als Schattenspender verwendet, kann eine Holzkonstruktion mit Schilfdach gebaut werden.

Die rechteckige Holzkonstruktion wird dabei leicht in den Boden versenkt und die im Baumarkt erhältlichen Schilfmatten (doppellagig) werden auf der Oberseite mit Draht oder Schnur befestigt. Das Schattendach sollte so groß sein, dass es über den Strohballen oder das Pilzbeet herausragt. Die Höhe wird so gewählt, dass noch gut geerntet werden kann.

Bei Starkregenereignissen hat es sich als optimal erwiesen, einen Regenschutz über den Kulturen zu errichten. Den einfachsten Schutz bietet eine Plastikplane, die über dem Strohballen angebracht und später wieder entfernt wird. Entscheidet man sich für eine dauerhafte Lösung, um die Kulturen vor zu viel Regen zu schützen, wird auch hier ein selbst gebautes robusteres Schutzdach empfohlen. Für das Dach verwendet man am besten Doppelstegplatten. Ein zusätzlich angebrachtes Schilfmattendach sorgt für die entsprechende Ästhetik im Pilzgarten.

Unser Tipp: Wenn ein Regendach aufgestellt wird, bitte die Kulturen öfters auf den Feuchtigkeitsgehalt überprüfen – denn es sollte ja auch nicht zu trocken werden.

Kleines Zimmergewächshaus für Speisepilze im Winter

Es gibt nichts Besseres als eigene Pilze auch im Winter zu kultivieren. Da Heizung und trockene Luft im Winter die Wachstumsbedingungen der Pilze in Innenräumen nicht gerade begünstigen, muss oft etwas nachgeholfen werden.

Eine einfache und kostengünstige Variante stellt eine Plastikbox mit Deckel dar. Das Fertigsubstrat wird entweder samt dem aufgeschnittenen Plastiksubstratbeutel direkt in die Box hineingestellt oder das Plastik rund um das durchwachsene Substrat wird zur Gänze entfernt und das Substrat auf 2 Holzstäbchen platziert. Sinn und Zweck ist generell, eine höhere Luftfeuchtigkeit als im restlichen Raum zu erzeugen. Mit einem Zerstäuber wird Wasser auf die Innenwände und das Substrat gesprüht.

Die Pilze benötigen zur Fruchtung ausreichend Sauerstoff, der Behälter wird deshalb nicht ganz geschlossen.

Eine weitere recht praktische Variante ist ein Zimmergewächshaus, das normalerweise zur Anzucht von Pflanzen verwendet wird. Im Fachhandel sind diese in unterschiedlichen Größen erhältlich und erfüllen auch hier die Anforderungen für ein „Pilzgewächshaus". Diese Behälter können dann im Frühjahr ebenfalls für die Anzucht von Pflanzen verwendet werden, also lohnt sich diese kleinere Investition auch noch für die selbst angebauten Pflänzchen.

Zimmergewächshaus mit technischem Equipment

Für die Eigenversorgung mit Sonderkulturen kann ebenfalls ein technisch verspielteres Zimmergewächshaus empfohlen werden. Es kann entweder selbst gebaut oder im Fachhandel bestellt werden. Grundsätzlich besteht dieser Gewächshaustyp aus einem größeren Behälter mit abnehmbarem Deckel, einem Heizkabel oder einer Heizmatte mit digitalem Temperaturregler und einer Frischluftpumpe, welche auch die Luftfeuchtigkeit reguliert.

Um die Feuchtigkeit im Zimmergewächshaus hoch zu halten, kann man zusätzlich angefeuchteten Perlit auf dem Boden verteilen und die Substratblöcke daraufstellen. Perlit ist ein pH-neutraler Bodenhilfsstoff, der eine hohe Wasserspeicherkapazität besitzt. Zudem ist er ein unbedenkliches natürliches Produkt, das leicht Feuchtigkeit an die Umgebung abgibt.

Die gewünschte Temperatur und Feuchtigkeit kann bei diesen Zimmergewächshäusern exakt eingestellt werden. Damit verkürzt sich auch die

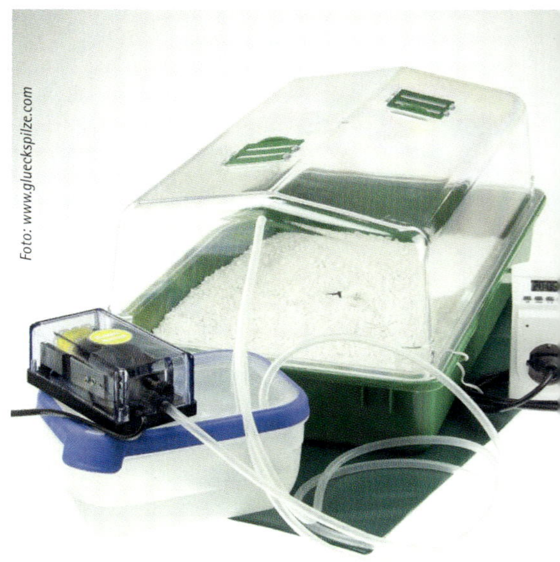
Foto: www.glueckspilze.com

Zimmergewächshaus

Pilzhaus mit Reishi-Kulturen

Durchwachsphase und die Pilze kommen schneller zur Erntereife.

Unser Tipp: Diese Investition lohnt sich vor allem, wenn man Heilpilze für den Eigenbedarf selbst anbauen und kein Pilzpulver oder Pilztee zukaufen möchte.

Pilzhäuschen im Garten

In den Sommermonaten leistet ein Pilzhaus im Garten ebenfalls gute Dienste. Es ist vor allem für Sonderkulturen, die z.B. ein wärmeres, feuchteres Mikroklima benötigen, besonders gut geeignet. Hierbei handelt es sich um eine Art Folienhaus, das an einem schattigen Platz im Garten aufgestellt werden kann. Es sollte gut verschließbar und leicht zu reinigen sein. Ein selbst gebautes Pilzhaus eignet sich vor allem gut für Pilz-Topfkulturen, Strohpellets- und Substratkulturen. Es sollte so konstruiert sein, dass möglichst viel Fläche genützt werden kann. Es können entweder Stegplatten oder eine dicke Folie an der Holzkonstruktion angebracht werden (→ Abbildung oben).

Unser Tipp: Gute Erfolge gibt es auch bei im Pilztopf eingegrabenen Reishistämmen, die im Pilzhaus zum Fruchten aufgestellt werden. Eine erfreuliche üppige Ernte ist hier nach unserer Erfahrung das Ergebnis. Die Temperaturen sind bei uns im Waldviertel auch im Sommer etwas zu niedrig, um dem Reishi gute Fruchtungsbedingungen zu bieten, daher ist ein Pilzhaus für diesen Pilz sehr empfehlenswert.

Gelber Austernseitling auf Substrat

Affenkopfpilz am Fertigsubstrat

Rosa Seitlinge brauchen höhere Temperaturen

Sonderkultur: Reishi in Töpfen

Kultiviert man den Reishi auf Laubholz (vorzugsweise auf Buche), beimpft man die Stämme mit der Bohrlochmethode. Man lässt sie genauso wie die anderen Kulturen als 1-metrige Stämme durchwachsen und drittelt sie im nächsten Frühjahr. Dann werden die Stämme in ausreichend große Töpfe eingesetzt (→ auch Anlage eines Balkon-Pilzgarten S. 80) und die Schnittflächen mit Moos bedeckt. Im Pilzhaus herrschen die optimalen Wachstumsbedingungen für den Reishi. Man kann die Stämme auch vom Frühjahr bis in den Sommer im Boden eingegraben lassen und erst im Juli in Töpfe setzen. Die Pilze müssen im Pilzhaus ausreichend bewässert werden.

Wenn sich der Hut gut entwickelt hat und die weiße Wachstumszone verschwindend klein geworden ist, schneidet man die Pilze ab. Bemerkenswert beim Reishi ist die Fähigkeit zur Neubildung von Fruchtkörpern (→ Abbildung rechts). Ein neuer Pilz entsteht aus den am Stamm verbleibenden Myzelresten und bildet ebenso eindrucksvolle Hüte aus wie bei der ersten Ernte. Im Winter verbleiben die Stämme draußen und werden erst im nächsten Sommer wieder ins Pilzhaus gebracht.

Reishi in Töpfen

Reishi wächst nach

Schädlinge und Konkurrenzorganismen im Pilzanbau

Pilze bleiben leider auch von Schädlingen und anderen Konkurrenzorganismen nicht verschont. Der folgende kurze Überblick zeigt, welche Organismen (in Garten, Haus, Keller oder Laborraum) Schwierigkeiten bereiten können. Manche von ihnen sind nicht weiter besorgniserregend, sondern vielmehr ein Zeichen für ein funktionierendes Ökosystem. Die hier angeführten Beispiele haben in der Praxis eines Hobby-Pilzanbauers die größte Relevanz.

Spricht man von Schädlingen, sind meist Insekten, Weichtiere oder Säuger gemeint – von mikroskopisch kleinen Milben bis zu gefräßigen Schnecken findet man viele unerwünschte Tiere auf Pilzkulturen. Organismen wie Schimmelpilze, Konkurrenzpilze, Bakterien oder sogar Viren können Ursache für Ertragseinbußen und Ernteausfälle sein. Je früher man einen Befall erkennt, desto schneller können Gegenmaßnahmen getroffen werden.

Mäuse

Mäuse sind des Öfteren im Garten zu finden. Sie fressen die Getreidebrut aus den Schnittstellen der Holzkulturen (Shiitake, Erdkulturen). Dies passiert vor allem auf frisch beimpften Baumstämmen, welche in der Durchwachsphase sind, z.B. im Winter. Ein „Nachimpfen" der Stämme ist nicht sinnvoll. Wenn die Durchwachsphase beendet ist (ca. nach 1. Jahr), schadet es nicht mehr, wenn die Pilzbrut herausgefressen wird – das Myzel ist dann bereits im ganzen Stamm verteilt.

Maßnahmen:

- Über den Schnittstellen können geschnittene Aluplättchen (erhältlich in Druckereien) angebracht werden, sie machen eine Herausfressen der Pilzbrut unmöglich. Das Alu kann mit Heftklammern über dem Klebeband angebracht werden
- Alternative: Bohrlochbeimpfung anwenden
- Der Lagerplatz für die Miete sollte an einem geeigneten Ort angelegt werden

In geschlossenen Räumen gibt es wenige Schäden durch Mäuse. Falls ein Pilzlabor im Keller eingerichtet und für die Brutherstellung Getreide verwendet wird, sollte dieses zur Sicherheit in geeigneten verschließbaren Behältern gelagert werden.

Vögel

Die Tiere picken manchmal die alte Brut aus den Schnittflächen. Dies ist nicht weiter tragisch, da zu diesem Zeitpunkt das Myzel bereits im Stamm eingewachsen ist.

Schnecken

Bei eingegrabenen Pilzkulturen auf Holz ist für ausreichend Schneckenschutz zu sorgen.

Die Sommerarten (Lungenseitling, Gelber Austernseitling, Affenkopfpilz und Reishi) sind unter

Eine gefräßige Schnecke verspeist einen Gelben Austernseitling

Beobachtung zu halten, weil Schnecken zu dieser Zeit vermehrt auftreten können. Pilze, die im Frühjahr oder Herbst fruchten, werden meistens nicht befallen. Bei Shiitakekulturen kann durch Aufhängen oder waagrechtes Auflegen der Stämme Schneckenfraß verhindert werden.

Bei Kulturen auf Strohballen und in Pilzbeeten nisten sich Schnecken ebenfalls gerne ein. Sie verkriechen sich nahe der Erde oder direkt im Stroh. Im Herbst legen sie bevorzugt unter dem Stroh ihre Eier ab. Sommerpilzarten wie der Kulturträuschling oder diverse Seitlinge werden besonders häufig befallen.

Schneckenschutz für eingegrabene Kulturen

Maßnahmen:

- Bei Holzkulturen stülpt man als Schneckenschutz ein wasserdurchlässiges schlauchförmiges Gartenvlies (erhältlich im Baumarkt oder Lagerhaus) über die Stämme, befestigt es unten am Stamm mit einem starken Gummiband und verschließt es auch nach oben hin – z.B. mit einer Wäscheklammer. Es sollte genügend Platz unter dem Vlies gelassen werden, um das Wachstum der Pilze nicht zu behindern (→ Abbildungen links). Nach der Ernte kann man das Fließ wieder entfernen *Unser Tipp: Rechteck aus dem Vlies zuschneiden und mit Klebstoff (z.B. Patex) zu einem Schlauch verkleben.*
- Eine weitere Möglichkeit ist das Aufstellen eines Schneckenzaunes um die betroffenen Kulturen herum
- Verwendet man bei Kulturen auf Stroh oder im Pilzbeet ein Frühbeet, kann man über dem Frühbeet ein wasserdurchlässiges Vlies befestigen – so haben Schnecken weniger Chancen

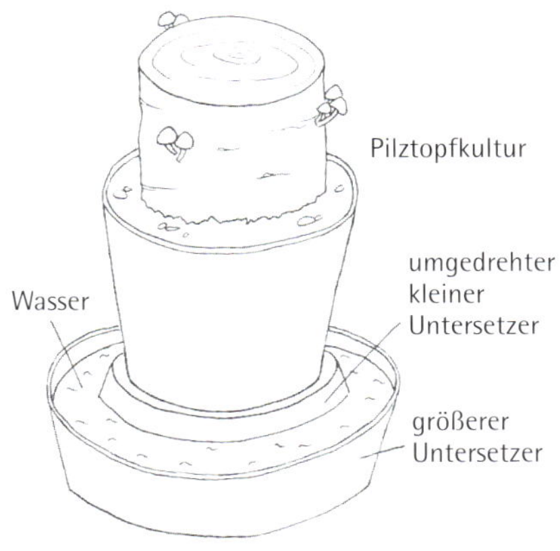

Schneckenschutz für „Pilztopf"-Kulturen

- Da Schnecken nachtaktiv sind, sollten die Pilzkulturen nachts kontrolliert und die Tiere sofort gesammelt werden

Mücken (Trauermücken, Pilzmücken)

Im Garten können Insekten zum Problem werden, wenn überreife Fruchtkörper auf dem Nährsubstrat verbleiben. Oft kann man Trauer- und Pilzmücken schwer unterscheiden, es gibt jedoch einige Maßnahmen, die gegen beide Mückenarten effektiv sind.

Werden Substratblöcke im Pilzhaus aufgestellt, kann es ebenfalls zu einem Befall von Mücken kommen. Bei langsam wachsenden Pilzarten tritt dies häufiger auf.

Maßnahmen:

- Gelbtafeln leisten hier gute Dienste. Befestigt man die klebenden Tafeln in der Nähe der Substrate, zieht das die Mücken an und der Befall kann eingedämmt werden

Es gibt sehr viele unterschiedliche Trauermückenarten: Manche von ihnen fressen lediglich am Myzel, andere am Pilz selbst. Legen Trauermücken Eier, können deren Larven im Pilz oder am Substrat gefunden werden. Oft bleibt keine andere Wahl, als die Substrate aus dem Pilzhaus zu entfernen.

In geschlossenen Räumen (Wohnung, Haus, Keller) können sich diese Tiere auf Fertigsubstraten ansiedeln. Je älter das Substrat, desto anfälliger ist es. Da Trauermücken feuchte, warme Bedingungen bevorzugen, findet man sie auch in der Erde von Topfpflanzen. Die Mücken sind jedoch nicht sehr wählerisch und legen ihre Eier auch im Substrat ab.

Im Sommer kann der Befall verstärkt vorkommen.

Maßnahmen:

- Hier wären wieder Gelbtafeln ein guter Tipp, um die kleinen Plagegeister einzudämmen
- Da Fertigsubstratkulturen vor allem für den Winter geeignet sind, kann der Befall durch den Kultivierungszeitpunkt ebenfalls gesteuert werden
- Befeuchtet man die Pilzkulturen zu häufig, wird das Substrat unnötig feucht – auch das kann einen befallsfördernden Faktor darstellen
- Die geernteten Pilze vor dem Verkochen aufschneiden und auf Larven untersuchen. Nur weil einige Trauermücken beobachtet wurden, heißt dies nicht sofort, dass sich bereits Larven im Fruchtkörper befinden

Milbenarten

Findet man Milben im Stroh, deutet das auf unzureichende Strohqualität hin, oder der Strohballen wurde zu häufig bewässert – dies begünstigt ebenfalls einen Milbenbefall.

Mikroskopische Aufnahme einer Milbe im Myzelgeflecht

Maßnahmen:

- Nur gesundes Stroh mit niedrigem Unkrautanteil verwenden
- Kulturen bei Regen abdecken
- Vollständige Fermentation des Strohsubstrats bei Seitlingkulturen – dies verhindert ebenfalls den Befall

Wenn die Tiere in ein Pilzzuchtlabor gebracht worden sind, muss verstärkt auf die Hygiene im Raum geachtet werden und alle befallenen Kulturen müssen sofort entfernt werden. Milben fressen Myzel und sind durch ihre Größe nicht so einfach zu entdecken.

Konkurrenzpilze

Häufig findet man auf beimpften Holzstämmen Pilze wie Spaltblättling, Birkenblättling, Schichtpilze, Porlingsarten oder Kohlenbeere, die nur temporär auftreten. Sie sind meist eindeutig vom Kulturpilz zu unterscheiden – die Verwechslungsgefahr ist eher gering. Diese Pilze siedeln sich auf Holzpartien an, die vom Kulturpilz nicht besiedelt wurden. Sie tragen auch zum natürlichen Abbauprozess des Stammes bei.

Birken sind besonders anfällig für Konkurrenzpilze. Auf älteren Buchenstämmen siedeln sich manchmal sogenannte Kohlenbeeren (Hypoxylon) oder auch Schleimpilze (Blutmilchpilz) an. Die kugelartigen etwa 5 mm großen Pilzchen kommen nur auf der Rinde vor und sind nicht weiter besorgniserregend. Sie lassen sich im richtigen Entwicklungsstadium auch relativ gut mit einem scharfen Messer entfernen. Es gibt mehrere Arten, die auftreten können.

Da eingegrabene Holzkulturen mit Moos bedeckt werden, „schleppt" auch dieses einige Sporen von anderen Pilzen mit. Der Verdunstungsschutz für den Kulturpilz ist durch die Bedeckung jedoch so vorteilhaft, dass man gerne einige unschädliche Sekundärpilze toleriert.

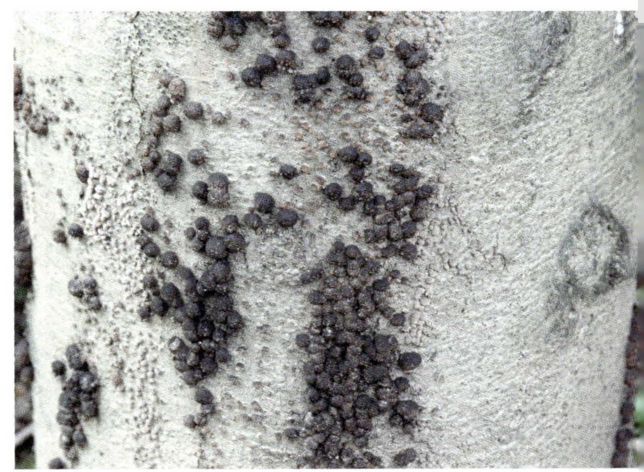

Kohlenbeeren

Blutmilchpilz

Werden Hackschnitzel zur Bodenbedeckung verwendet, können sich auch dort Sekundärpilze ansiedeln. Bereits am Standort etablierte ungenießbare Pilze können besonders alte Stämme besiedeln.

Falls Stämme vom grünblättrigen Schwefelkopf oder Hallimasch befallen sind, sollten diese sofort aus dem Pilzgarten entfernt werden, um eine weitere Ausbreitung dieser Pilze zu verhindern.

Die Vielfalt an Sekundärpilzen ist groß

Maßnahmen:

- Wenn nicht der ganze Stamm mit Fremdpilzen übersät ist, können die Fruchtkörper auf den Stämmen belassen werden
- Wenn der Kulturpilz überhaupt nicht in den Baumstamm eingewachsen ist und nur Sekundärpilze gedeihen, wird der Stamm aus dem Pilzgarten entfernt

Unser Tipp: Bitte vergewissern Sie sich bei der Ernte immer, ob es sich wirklich um den gewählten Kulturpilz handelt. Daher ist auch eine Beschriftung der Stämme zur späteren eindeutigen Identifizierung der Pilzkultur wichtig. Werden die Pilze erstmalig von Stämmen geerntet, ist besonders darauf zu achten. Später weiß man schon, welches Aussehen der Kulturpilz hat und eine Verwechslung ist nicht mehr gegeben.

Tintlinge, Becherlinge, Goldmistpilz

Auf Strohkulturen treten des Öfteren Sekundärpilze wie Tintlinge, Becherlinge oder der Goldmistpilz auf. Wenn das Myzel der Seitlinge oder Kulturträuschlinge gut in das Stroh eingewachsen ist und trotzdem temporär andere Pilze erscheinen, werden diese entfernt. Somit sporen sie nicht weiter aus und die konkurrenzstarke Kultur setzt sich durch. Essen darf man diese Pilze natürlich nicht.

Werden Strohpelletskulturen angelegt, verdrängt der Kulturpilz andere Organismen meist effektiv. Wenn aus irgendeinem Grund doch Tintlinge erscheinen, muss das Substrat entfernt werden.

Schimmelpilze

Im Pilzhaus können sich durch übermäßiges Gießen von Substratkulturen Schimmelpilze ausbreiten. Eine besonders hohe Luftfeuchtigkeit im geschlossenen Raum fördert ebenfalls einen Befall.

Maßnahmen:

- Schimmel mit Salz bestreuen oder mithilfe von Essig entfernen
- Für ausreichend Frischluftzufuhr sorgen
- Das Pilzhaus vor dem Kultivierungsstart entsprechend reinigen – die Flächen waschen oder mit 70%igem Alkohol desinfizieren, dadurch hält sich der Schimmel in Grenzen

Auf Holzkulturen treten Schimmelpilze äußerst selten auf. Bei gesundem Stroh und einem ausgewogenen Feuchtigkeitsgehalt sind Schimmelpilze auch nicht unbedingt zu erwarten.

Maßnahmen:

- Bei Regen werden die Kulturen abgedeckt
- Nicht übermäßig viel gießen
- Vorbeugend sollten keine Pilzreste auf den Substraten verbleiben, da diese eine Infektionsquelle für Schimmel und Schadinsekten darstellen

Schimmelpilze haben im Labor nichts verloren, leider treten sie immer wieder auf. Wenn unter semisterilen Bedingungen gearbeitet wird, ist das Kontaminationsrisiko entsprechend höher.

Besonders vorsichtig sollte man bei stark aufgewerteten Substraten (mit Zuschlagsstoffen wie Kleie, Zucker etc.) sein. Je zucker-und stickstoffhältiger ein Nährmedium ist, desto anfälliger ist es für Kontamination mit Schimmelpilzen oder Bakterien.

Maßnahmen:

- Hygienisches Arbeiten
- Substrate mit Druckkochtopf oder Autoklav sterilisieren
- Arbeitsflächen sauber halten

  Unser Tipp: Näheres zu diesem Thema finden Sie auch im Kapitel „Pilze züchten" ab S. 96.

Werden Fertigsubstrate in geschlossenen Räumen aufgestellt, bleiben auch sie nicht von Schimmelpilzen verschont. Gründe dafür sind z.B. zu starkes Befeuchten oder eine bereits verkeimte Umgebung.

Maßnahmen:

- Entfernen von Kontaminationen: Salz, Essig oder Abkratzen der Befallsstellen oder Entsorgung des Substrats
- Substrate nicht zu alt werden lassen

Foto: Walter Haidvogl

Becherlinge

Kleine Tintlinge in unterschiedlichen Entwicklungsstadien

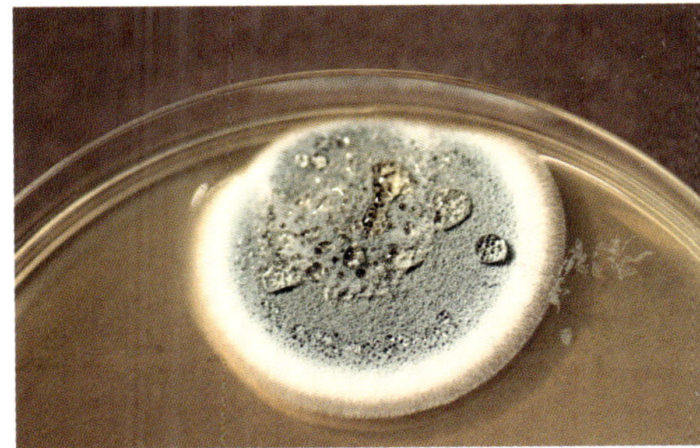

Schimmelpilz auf Agarschale

Igelstachelbartmyzel unter dem Mikroskop

Pilze züchten – von der Spore zur Pilzbrut

Für Experimentierfreudige, Geübte und Spezialisten

In den bisherigen Kapiteln wurde bereits auf die unterschiedlichen Materialien für die Pilzkultivierung hingewiesen (Getreidebrut, Dübelbrut, Fertigsubstrat etc.). Um nun den Kreislauf der Pilze als Ganzes zu erfassen, wird hier auf die einzelnen Stadien eingegangen, die ein Zuchtpilz im Laufe seines Lebens durchschreitet. Für eine erfolgreiche Zucht gelten einige Grundvoraussetzungen:

- eine sauberer, möglichst keimfreier Arbeitsplatz
- Kenntnisse darüber, wie mikrobiologisch gearbeitet wird
- entsprechende Arbeitswerkzeuge müssen vorhanden sein
- Laborgeräte müssen zur Verfügung stehen
- ein konzentriertes, systematisches Arbeiten

Kurzüberblick: Arbeitsschritte in der Pilzzucht

- Einrichten eines eigenen Pilzlabors
- Hygienemaßnahmen und Arbeitsschritte verinnerlichen
- Herstellung eines Nährbodens
- Gewinnung einer Reinkultur (mittels Gewebestück)
- Herstellung von Getreidebrut
- Herstellung von Dübelbrut

Jeder dieser Arbeitsschritte verlangt andere Materialien und Kenntnisse. Auf die entstehenden Kosten für Inventar und Arbeitsmaterial darf natürlich auch nicht vergessen werden. Bezugsquellen sind im Anhang angeführt. Einen allgemeinen Überblick bieten die Tabelle Arbeitsschritte und Materialien auf S. 100. Bevor nun tiefer ins Detail gegangen wird, müssen vorab einige Begriffe erklärt werden.

Was bedeutet Hygiene am Arbeitsplatz? Wenn von einem hygienischen Arbeitsplatz gesprochen wird, sind mehrere Faktoren ausschlaggebend. Es muss auf eine saubere Umgebung geachtet werden. Vorzugsweise wird ein Raum als Zuchtlabor gewählt, der möglichst leer sowie leicht zu säubern ist. Wer in die Gestaltung und Vorbereitung eines Zuchtraumes Zeit investiert, wird später dafür belohnt. Die Luft ist angereichert mit einer Vielzahl an Mikroorganismen – wenn ein zu hoher Keimdruck in der Luft liegt oder viel Bewegung im Raum stattfindet, wird es schwierig, die entsprechenden hygienischen Parameter einzuhalten. Teppiche, Vorhänge und andere „Staubfänger" müssen unbedingt entfernt und Zugluft vermieden werden. Geflieste Räume eignen sich sehr gut zum Arbeiten, da sie leicht zu reinigen sind und auch mit Desinfektionsmittel gearbeitet werden kann. Eine Arbeitsfläche aus Glas oder Edelstahl ist zu empfehlen. Der Mensch als „Kontaminationsquelle" spielt natürlich auch eine Rolle. Es ist wichtig, möglichst saubere Kleidung zu tragen und Händedesinfektionsmittel einzusetzen.

Warum muss desinfiziert werden? Pilze werden auf Nährmedien gezüchtet, auf denen auch viele Bakterien, Hefen und andere Organismen wachsen können. Es wird deshalb versucht, alle Kontaminationsquellen auszuschalten um ein optimales Pilzwachstum zu gewährleisten.

Wie werden Arbeitsflächen, Materialien und Werkzeuge keimfrei gemacht? Im Handel sind unterschiedlichste Desinfektionsmittel erhältlich (→ auch Bezugsquellen im Anhang S. 138). Eines der einfachsten Mittel ist 70%iger Alkohol – dieser kann in eine kleine Zerstäuberflasche gefüllt werden. Die Arbeitsfläche wird zur Reinigung mit Alkohol besprüht, dieser mit einer Küchenrolle gleichmäßig verteilt und anschließend etwas zugewartet, bis der Rest verdampft ist. (Es dürfen keine Alkoholreste auf der Fläche verbleiben, da sie entflammbar sind.) Die Hände werden gewaschen und anschließend ein Händedesinfektionsmittel aufgetragen. Es können auch Einweghandschuhe verwendet werden (auch diese werden äußerlich desinfiziert).

Werkzeuge und Behälter (Skalpell, Impföse, Petrischalen usw.) können auf unterschiedlichste Weise behandelt werden: Vor und nach jedem Arbeitsschritt müssen die Werkzeuge mithilfe eines Spiritusbrenners bzw. einer Lötlampe abgeflammt werden. Flammen Sie dabei nicht nur die Spitze ab, sondern auch ca. 2/3 des Skapells (Achtung: nicht die Finger verbrennen!). Mit der Impföse verfährt man ebenso.

Glas-Petrischalen sterilisiert man entweder im Druckkochtopf bzw. Autoklav oder man kauft sterile Plastikpetrischalen. Es gibt auch steriles Arbeitsbesteck zur einmaligen Verwendung. Wenn es darum geht, Substrate keimfrei zu machen (Getreidesubstrat, Fertigsubstrat, Nähragar), muss ein Druckkochtopf oder Autoklav angeschafft werden.

Wozu braucht man einen Druckkochtopf oder Autoklav? In einem geschlossenen Gefäß kann Wasser über den Siedepunkt erhitzt werden. Es entsteht dabei ein Überdruck. Im Druckkochtopf liegt der Druck bei 0,8 bar und die Temperatur bei 116 °C. In einem Autoklaven ist der Druck und die Temperatur höher (1 bar, 121 °C).

Damit ist eine sichere Entkeimung möglich. Die Sterilisationszeiten müssen den Gegebenheiten angepasst werden.

Welche Arbeitswerkzeuge und Behälter werden verwendet?

- Skalpell
- Impföse
- Pinzette
- Zerstäuber mit Alkohol
- Permanentmarker (zum Beschriften)

Foto: Benedikt Wurth

Arbeitsutensilien: Das darf in keinem Labor fehlen

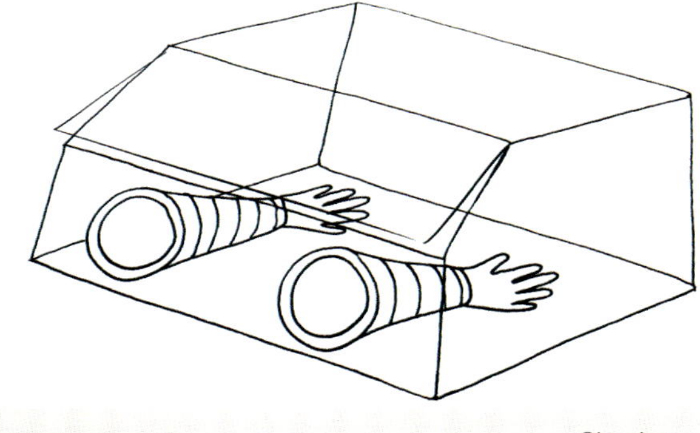

Glovebox

- Petrischalen (Glas, Einweg)
- Lötlampe oder Spiritusbrenner
- Autoklav-Beutel unterschiedlicher Größen
- Gläser mit Filter (Filwatin plus Silikonschlauch)
- Erlenmayerkolben

Was ist eine Glovebox und was ein Laminar Air Flow? Die günstigere Variante für das mikrobiologische Arbeiten ist, sich eine Glovebox selbst zu bauen, in der dann halbsteril gearbeitet werden kann. Um effektiv mit einer Glovebox arbeiten zu können, muss diese individuell an den gewählten Arbeitsplatz und die Person, die sie verwendet, angepasst werden. Indem man so eine Box verwendet, wird ein Raum geschaffen, in dem wenig Luftzirkulation herrscht und der einfach desinfiziert werden kann. Wichtig: In einer Glovebox darf nie eine Flamme entzündet werden!

Eine selbst gebaute Glovebox besteht vereinfacht aus einer verschließbaren, durchsichtigen Plastikbox. In diese Box werden 2 Löcher für die Hände geschnitten. Um möglichst wenig Keime in die Glovebox zu bringen, werden lange Handschuhe fix an die Öffnungen geklebt.

Ein Laminar Air Flow mit HEPA-Filter (High Efficiency Particulate Air) wiederum reduziert die sich in der Luft befindenden Keime um 99,99%. Der Filter erzeugt in Kombination mit einem Gebläse einen „sterilen" Luftstrom. In diesem Milieu kann unkompliziert gearbeitet werden. Die Anschaffung dieses Gerätes ist jedoch leider kostenintensiv. Der HEPA-Filter wird in der Praxis in vielen Labors eingesetzt. Wer etwas Zeit investieren will, kann sich auch nur den Filter bestellen und in eine Box mit Gebläse installieren.

Es gilt vorab abzuwägen, wie viel in ein „Zuchtlabor" investiert werden soll. Für jene, die sich erst kurz mit der Pilzzucht beschäftigen, ist die Glovebox eine einfache, günstige und auch praktische Errungenschaft.

Welche Nährmedien gibt es in der Pilzzucht? „Agar" wird als erstes Nährmedium verwendet, um aus Pilzgewebe oder Pilzsporen reines Myzel herzustellen. Verwendet wird meist Malzextrakt-Agar oder Kartoffel-Dextrose-Agar. Es gibt verschiedene Rezepturen für solche Nährböden. Erhältlich sind auch schon antibakterielle Nährmedien (diese sind nicht immer zu empfehlen, da darin verwendetes Antibiotika das Wachstum mancher Pilzarten beeinflussen kann). Der pH-Wert des Nährmediums spielt ebenfalls eine Rolle. Die meisten Myzelien sind aber relativ tolerant, sie wachsen im pH-Bereich von 5,5–7,5. Als späteres Nährmedium dienen verschiedene Getreidearten, Stroh und Laubholzhackschnitzel bzw. Dübel.

Substratzusammensetzungen: 1 Roggen, 2 Hirse, 3 Buchenholzdübel, 4 Buchenholzspäne, 5 Strohpellets

Getreidebrut setzt sich aus folgenden Grundsubstanzen zusammen: z.B. Bioroggen, Biohirse, Laubholzspäne und Zusatzstoffe wie Gips. Laubholzdübel werden für die Herstellung von Dübelbrut verwendet. Jeder Pilzbrutproduzent hat seine eigene spezielle Mischung.

Gibt es eine Möglichkeit einzelne Arbeitsschritte zu überspringen oder muss immer ganz von vorne angefangen werden? Viele Komponenten können bereits im Pilzzucht-Fachhandel bestellt werden. Die Palette reicht von sterilen Einwegwerkzeugen, Einweg-Petrischalen bis zu sterilisierten Agarnährmedien und Substraten. Für den Praktiker bedeutet dies einerseits eine Arbeitserleichterung, andererseits wird es umso kostenintensiver, je mehr man „fertig" zukauft.

Braucht man Vorkenntnisse im mikrobiologischen Arbeiten? Der Bereich Pilzzucht und Pilzkultivierung ist sehr umfangreich. Die Möglichkeiten, selbst aktiv zu werden, sind quasi unbegrenzt. Klein anzufangen und sich langsam zu schwierigeren Arbeitsschritten vorzuarbeiten hat sich schon bei vielen bewährt. So wächst die persönliche Erfahrung und Erfolge motivieren zum Weitermachen.

Übung macht den Meister – Arbeitsschritte einzuüben, durchzudenken und zu verinnerlichen ist äußerst nützlich. Dadurch passieren weniger Fehler bei der tatsächlichen Kulturarbeit.

Die einzelnen Arbeitsschritte in der Pilzzucht im Überblick

- Herstellung eines Nährbodens
- Auswahl eines v talen Pilzes
- Herstellung von Gewebekultur: Pilzstück auf Malzextrakt-Agar
- Anwachsphase: Myzelwachstum
- Herstellung Getreidebrut: Übertragung – Myzel auf sterilisiertes Substrat
- Weitervermehrung: Herstellung Dübelbrut

Arbeitsschritte und Materialien	
Experimentierfreudige	
Arbeitsvorgang	• Herstellen von Dübelbrut mit einfachen Mitteln
Benötigte Materialien und Geräte	• Getreidebrut • Druckkochtopf • Glasflaschen bzw. Autoklav-Beutel • Laubholzdübel • (Malz) • Filwatin-Watte (Filter) • Alufolie
Hygieneanforderungen	• relativ gering • sauberer, staubfreier, desinfizierter Arbeitsplatz

Geübte	
Arbeitsvorgang	• Einrichten eines Laborplatzes und mikrobiologisches Arbeiten • Herstellung eines Nährbodens
Benötigte Materialien	• steriler Arbeitsraum: Glovebox oder Laminar Air Flow (HEPA) • 70%iger Alkohol zur Oberflächendesinfektion und Händedesinfektionsmittel • sterile Petrischalen aus Glas oder Einweg-Petrischalen • Erlenmayerkolben • Waage • Messbecher • Druckkochtopf • Malzextrakt-Agar (Fertigmischung)
Hygieneanforderungen	• hoch • Glovebox oder Laminar Air Flow müssen angeschafft werden (Kostenfaktor)

Spezialisten	
Arbeitsvorgang	1) Gewinnung einer Reinkultur 2) Herstellung einer Getreidebrut 3) Herstellung von Fertigsubstrat
Benötigte Materialien	Alle bei „Geübte" erwähnten Materialien plus • Skalpell und Impföse • Spiritusbrenner oder Lötlampe • Substratbestandteile: Roggen, Hirse, Gips, Laubholzspäne • Folienschweißgerät • Druckkochtopf bzw. Autoklav • Glasflaschen mit Filter bzw. Autoklav-Beutel
Hygieneanforderungen	• sehr hoch • Laminar Air Flow (Kostenfaktor)

Herstellen eines Agarnährbodens

Wie bereits erwähnt, gibt es unterschiedliche Rezepturen für Agarnährböden. Die angeführte Mischung kann für die meisten Zuchtpilze verwendet werden und die angegebenen Mengen ergeben ca. 10 Petrischalen. Malzextrakt-Agar ist in Pulverform erhältlich und wird mit Wasser in einem Erlenmayerkolben in folgendem Verhältnis zusammengemischt:

- 12 1/2 g Malzextrakt-Agar auf 1/4 l Wasser
- Wichtig: Beachten Sie auf jeden Fall die Angaben des Herstellers (Dosierung)

Unser Tipp: Zuerst den Agar in den trockenen Kolben geben, dann zügig Wasser hinzufügen und schwenken – sonst bilden sich Klumpen.

Die Öffnung des Gefäßes wird nun mit Alufolie umhüllt und anschließend – für etwa 15–20 Minuten – ins kochende Wasserbad gestellt. So lösen sich alle Bestandteile des Agars optimal im Wasser. Anschließend muss die Flüssigkeit sterilisiert werden – das funktioniert am besten in einem Druckkochtopf oder Autoklav. Falls ein Autoklav verwendet wird – Gebrauchsanweisung beachten. Der Kolben wird in den Druckkochtopf gestellt, dann werden 2–3 cm Wasser in den Topf gefüllt und dieses erhitzt. Wenn die richtige Temperatur erreicht ist und Dampf aus dem Sicherheitsventil austritt, wird ab diesem Zeitpunkt 20 Minuten lang sterilisiert.

Anschließend wird der Topf von der heißen Herdplatte weggestellt, jetzt soll die Flüssigkeit langsam auskühlen, sie darf deshalb noch nicht geöffnet werden. Sie darf aber auch nicht ganz auskühlen, sonst verfestigt sich der Agar. Bei einer Temperaturvon ca. 40 °C kann man den Kolben bereits ohne Probleme angreifen und der Nähragar ist gleichzeitig noch flüssig.

Gießen der Agarplatten

Bevor mit der Arbeit begonnen wird:

- in einer Glovebox bzw. vor einem Laminar Air Flow arbeiten

Flüssiger Agar wird in eine Petrischale gegossen

- Hände sind gewaschen und desinfiziert
- Arbeitsflächen sind gereinigt: 70%igen Alkohol auftragen, diesen mit der Küchenrolle verteilen und trocknen lassen
- sterile Einweg- oder sterile Glas-Petrischalen auf der Arbeitsplatte bereitstellen

Die Alufolie wird nun vom Kolben entfernt. Der Deckel wird kurz angehoben und der Malzextrakt-Agar zügig in die Schalen gegossen. Die erste Schale wird ca. 5 mm hoch (25 ml) angefüllt, dann wird der Deckel wieder aufgesetzt und mit den anderen Schalen in gleicher Weise verfahren.

Unser Tipp: Die Flüssigkeit soll sich am ganzen Boden verteilen. Im Anschluss müssen die Agarplatten auskühlen (am besten vor dem eingeschalteten Laminar Air Flow). Es kann sich Kondenswasser auf der Innenseite bilden, das jedoch vor der weiteren Verwendung verschwunden sein sollte.

Auswahl eines vitalen Pilzes oder Sporenabdrucks zur Herstellung einer Reinkultur

Möchte man einen Pilz vermehren, kann dies entweder mittels frischen Gewebes oder mittels Sporenabdruck erfolgen. Sporenabdrücke sind lange lagerfähig. Es besteht aber die Gefahr, dass diese verkeimt sind. Um dem entgegenzuwirken, verwendet man antibakteriellen Nährboden für die

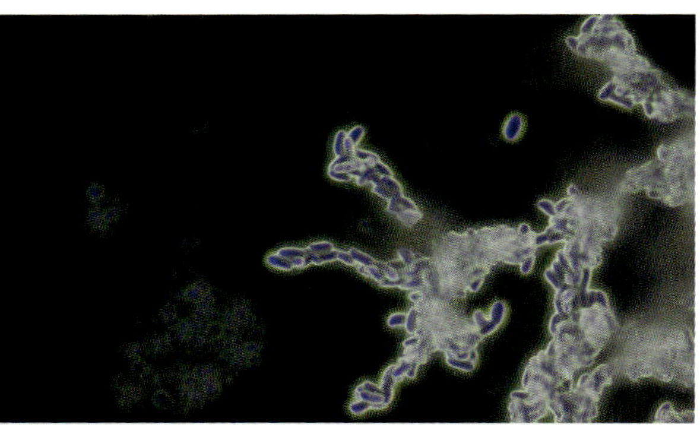

Sporen von Pleurotus pulmonarius

Anzucht. Diese Vermehrungsmethode wird auch angewendet, wenn die genetische Vielfalt eines Pilzes „unter die Lupe" genommen wird. Es kristallisieren sich unterschiedliche Linien („strains") aus dem Myzelgeflecht, die in späterer Folge selektiert und weitervermehrt werden. Vergleichbar ist diese Methode mit der Vermehrung von Pflanzensaatgut, das selektioniert wird. Bei einer Selektion sucht man Pflanzen mit gewünschten Eigenschaften – wie z.B. herausragendem Geschmack, Widerstandsfähigkeit gegenüber Krankheitserregern oder hohen Ernteerträgen.

Arbeitet man hingegen mit einem Gewebestück, gibt es keine Variationen (das Myzel ist genetisch ident). Wird also ein Pilz zur Vermehrung gewählt, der schon optimal angepasst ist – was meistens der Fall ist, wie z.B. für die Kultivierung im Garten – muss nicht mehr selektiert werden.

Bevor mit der Arbeit begonnen wird:

- gearbeitet wird vor einem Laminar Air Flow
- Hände sind gewaschen und desinfiziert
- Arbeitsflächen sind gereinigt: 70%igen Alkohol auftragen, diesen mit der Küchenrolle verteilen und trocknen lassen
- Arbeitsutensilien werden vor jeder Verwendung desinfiziert (Skalpell) oder es werden verpackte sterile Klingen verwendet
- ausgekühlte Agar-Petrischalen bereitstellen
- vitaler Pilz ist ausgewählt (wenn der Pilz nicht sofort verwendet wird: sauber und kühl sowie maximal für 2 Tage lagern)

Herstellung einer Gewebekultur

Der Pilz wird am Stiel mit dem Skalpell ca. 1/2 cm eingeschnitten und anschließend vorsichtig der Länge nach auseinandergezogen. Die Finger dürfen dabei das Innere des Pilzes nicht berühren. Nun wird ein Stück aus dem Inneren entnommen, da sich hier keine anderen Organismen ansiedeln konnten. Mit dem Skalpell werden nahe der Hutbasis ca. 3–5 mm große Stücke herausgeschnitten. Das Gewebestück wird anschließend vorsichtig auf das Skalpell gespießt und möglichst rasch (in einem Arbeitsschritt) in die Mitte der Agarplatte gesetzt. Falls das Skalpell abgeflämmt wird, sollten Sie immer warten, bis die Klinge abgekühlt ist, oder diese durch einen Stich ins Agar abkühlen. Falls darauf nicht geachtet wird, kann das Pilzgewebe beschädigt werden.

Für den Transfer des Gewebestückes auf den Nähragar sollte der Deckel der Petrischale nur kurz angehoben werden. Jede Petrischale wird abschließend mit der jeweiligen Pilzart und dem Datum beschriftet (auf dem Deckel) – so gibt es später keine Verwechslung.

Unser Tipp: Um eine Kontamination zu verhindern, werden die Hände möglichst nicht zwischen Luftfilter und Arbeitsmedium gebracht. Keime könnten ansonsten leichter auf den Nähragar gelangen.

Anwachsphase

Nun wächst das Myzel auf dem Malzextrakt-Agar an. Wichtig ist der passende Ort für die Lagerung der Petrischalen. Sie sollten nicht viel bewegt werden. Die Agarschalen bleiben am besten im geschlossenen Kasten vor dem Laminar Air Flow. Alternativ können sie auch in einer desinfizierten Plastikbox zum Durchwachsen untergebracht

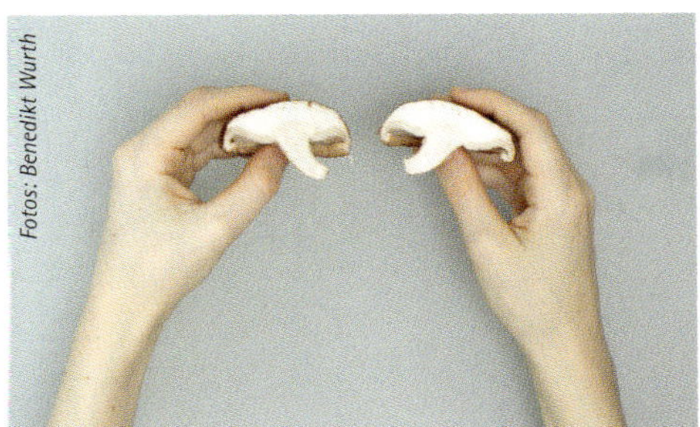

Pilz wird geteilt ...

... Gewebestücke werden herausgeschnitten ...

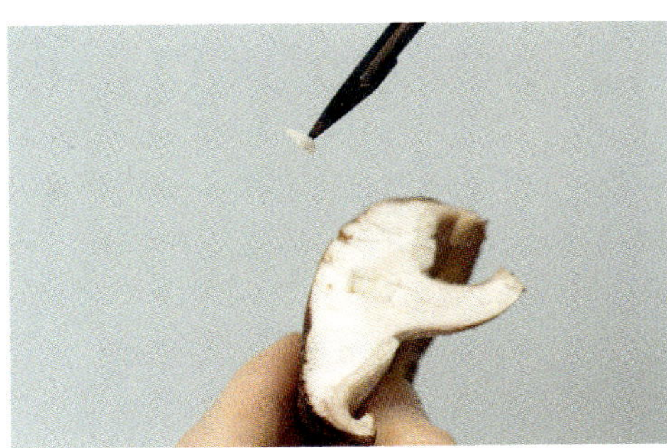

... Gewebestück aus dem Inneren entnommen ...

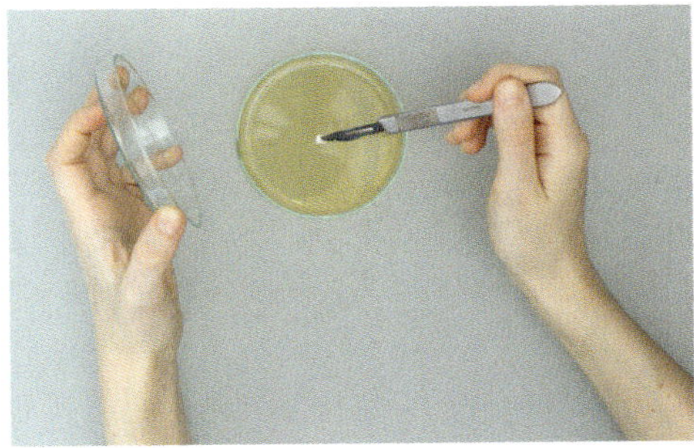

... und auf die Agarschale gesetzt

werden. Innerhalb von 3–4 Wochen zeigt sich ein deutliches Myzelwachstum, das schlussendlich den Rand der Petrischale erreicht.

Wenn Schimmel auf einer Agarplatte zum Vorschein kommt, wird diese sofort entfernt. Falls Kulturen befallen sind, dürfen Sie den Deckel nicht abnehmen – die Sporen könnten sich dadurch verbreiten. Ausfälle von 10–20% sind in der Hobby-Pilzzucht tolerierbar. Daher werden immer gleich mehrere Agarplatten mit derselben Pilzart angeimpft. Prinzipiell können aus einer durchwachsenen Agarplatte viele Stücke zur weiteren Vermehrung verwendet werden.

Jede Pilzart bildet ein charakteristisches Myzelgeflecht aus. Bereits in diesem Stadium ist der arteigene Geruch erkennbar. Abhängig ist das Wachstum und Aussehen auch von den Umweltfaktoren. Die Agarschalen können durchaus dunkel gelagert werden.

Für eine langfristige Lagerung eignen sich solche Agarplatten nicht – es muss eine Dauerkultur angelegt werden. Dazu wird Agar schräg in Eprouvetten gefüllt, das Myzel wird dann darauf übertragen. Wenn diese Schräg-Agar-Kultur im Kühlschrank gelagert wird, ist sie mehrere Monate haltbar.

Herstellung einer Getreidebrut

Der nächste Schritt in der Kulturarbeit ist die „Überimpfung" von Myzelgeflecht (Agarplatten) auf Getreidesubstrat. So entsteht Getreidebrut und sie ist das Ausgangsmaterial für die Beimpfung der Endsubstrate (Holz, Stroh, Pilzbeet, Kompost).

Substratzusammensetzung (Empfehlung):

- 1 Teil Biorogger
- 1 Teil Biohirse
- 1 Teil Buchenholzspänen (fein)
- pro kg Brut ca. 5 g Gips (erst nach dem Kochen beimengen)

Unterschiedliche Wachstumsphasen von Getreidebrut

Filwatin-Watte kann als Filter verwendet werden

Deckel mit Filterscheibe

Die Substratzusammensetzung ist von Hersteller zu Hersteller unterschiedlich. Das Gemisch wird – noch ohne Gips – mit ausreichend Wasser versetzt und anschließend gekocht. Wichtig ist, immer wieder die Konsistenz der Körner zu überprüfen (sie dürfen nicht zu weich werden oder aufplatzen). Das Wasser sollte nur leicht köcheln und dabei wird gelegentlich umgerührt. Wenn die Roggenkörner weich sind, aber noch eine feste Schale haben, wird das überschüssige Wasser abgeseiht. Jetzt wird gleichmäßig Gips beigemengt und anschließend die verwendeten Gläser bis maximal 2/3 mit der Masse vollgefüllt. Aus mehreren Lagen Filwatin- Watte (in jeder Apotheke erhältlich) wird nun ein Kreis ausgeschnitten, der im Anschluss als Deckel für die Gläser dient (→ 1. Abbildung oben rechts). Nun wird ein 1/2 cm dicker Silikonschlauch, der hitzebeständig sein muss, verwendet, um den Filter auf dem Glas zu befestigen. Alternativ kann in einen Deckel ein Loch gestanzt werden und eine Filterscheibe (→ 2. Abbildung oben rechts) an der Innenseite des Deckels mit Patex festgeklebt werden – das erfüllt den gleichen Zweck, die Scheibe dient als Filter. Die zu 2/3 gefüllten Gläser plus Filter werden nun noch mit etwas Alufolie umhüllt. Dadurch dringt beim Autoklavieren nicht so viel Feuchtigkeit in das Glas und das Kontaminationsrisiko ist etwas geringer.

Die im Pilzfachhandel erhältlichen Autoklav-Beutel haben bereits einen Filter integriert und können alternativ zu den Gläsern verwendet werden. Es gibt sie in Größen von 1–4 l. In einen Autoclave Bag Unicorn Typ 3 werden z.B. etwa 2 l Substrat gefüllt (hier wird 1/3 Substrat eingefüllt). Die Säcke werden anschließend so gefaltet, dass Luft entweichen kann. Dann wird im Druckkochtopf oder im Autoklaven etwa 2 Stunden sterilisiert– den Druckkochtopf dazu mit ausreichend hoch Wasser füllen (2–3 cm hoch). Dies ist wichtig, damit während der gesamten Sterilisationszeit Dampf entstehen kann. Danach lässt man das Substrat abkühlen.

Bevor mit der Arbeit begonnen wird:

- gearbeitet wird vor einem Laminar Air Flow
- Hände sind gewaschen und desinfiziert
- Arbeitsflächen sind gereinigt: 70%igen Alkohol auftragen, diesen mit der Küchenrolle verteilen und trocknen lassen
- Arbeitsutensilien werden vor jeder Verwendung desinfiziert (Skalpell) oder es werden verpackte sterile Klingen verwendet

Fotos: Benedikt Wurth

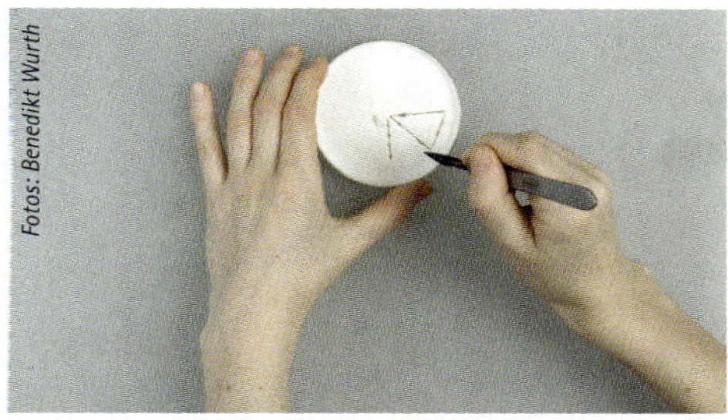

Mehrere Stücke aus der Agarplatte schneiden

Stück auf Skalpell aufspießen

Übertragen auf sterilisiertes Substrat

Übertragen eines Agarstücks auf das Substrat

- durchgewachsenes Myzel auf Agar-Petrischalen bereitstellen

Mit einem sterilen Skalpell wird die vorbereitete Agarplatte in 6 gleichgroße Stücke unterteilt.

Nun wird das abgekühlte Substrat aus dem Druckkochtopf genommen und vorsichtig geöffnet – dabei sollten die Finger möglichst nicht am Glasrand ankommen (Kontaminationsrisiko). Nun wird vorsichtig ein Stück des Myzel-Agars mit dem Skalpell aufgespießt und mit der myzelverwachsenen Seite nach innen schauend in das Glas übertragen. Anschließend wird der Filter wieder aufgesetzt.

Wer ein schnelleres Myzelwachstum erreichen will, kann auch mehrere Stücke hineingeben. Wenn Autoklav-Beutel verwendet werden, braucht man ein Schweißgerät, um die Säcke richtig zu verschließen.

Durchwachsphase

Ideal ist es, die Agarstücke möglichst in der Mitte des Substrats (im Inneren) zu platzieren. Bei einer erfolgreichen Besiedelung des Myzels auf dem Getreide werden bald feine weiße Pilzfäden sichtbar. Es kann von Zeit zu Zeit etwas geschüttelt werden, um das Myzel besser zu verteilen.

Nach 4–5 Wochen – abhängig von Pilzgattung, Temperatur und Luftfeuchtigkeit – ist das Myzelgeflecht gut angewachsen. Wenn in diesem Stadium Schimmel entdeckt wird, muss die Getreidebrut leider entfernt werden.

Herstellen von Dübelbrut mit einfachen Mitteln

Die Weitervermehrung mittels Getreidebrut ist etwas für Experimentierfreudige. Die einzelnen Arbeitsschritte können ohne viel Aufwand und ohne teures Zubehör durchgeführt werden. Die nötigen Utensilien sind bereits im Haushalt oder in einem Baumarkt zu finden.

Das Einzige, was bestellt werden muss, ist eine Getreidebrut – die einerseits zum Beimpfen als auch zum Herstellen von Dübelbrut benutzt werden kann.

Bevor mit der Arbeit begonnen wird:

- beliebige Getreidebrut wird bestellt (Shiitake, Seitlinge, Stockschwämmchen usw.)
- Druckkochtopf
- hitzebeständige Gläser (die Öffnung sollte etwa 7 cm groß sein)
- unbehandelte Laubholzdübel (Buche – erhältlich im Baumarkt)
- Malzextrakt (erhältlich in Drogerien)
- Filwatin-Watte (erhältlich in jeder Apotheke) dient als Filter für die Gläser
- Alufolie
- Löffel
- Schnur
- Gummiband

Ein 1/2 l Getreidebrut reicht aus, um 1 1/2 kg Laubholzdübel zu beimpfen. Erhältlich sind diese Dübel im Fachhandel. Dabei ist zu beachten, dass diese von unbehandeltem Holz stammen (nicht mit Fungiziden versetzt).

Die Dübel werden mit genügend Wasser in einem Topf zum Kochen gebracht, sie sollen sich mit Wasser vollsaugen. Zusätzlich kann Malzextrakt (10 g/l) zur Aufwertung beigegeben werden. Wenn dabei nicht sauber gearbeitet wird, kann es jedoch auch passieren, dass sich Bakterien und Hefen ansiedeln.

Nach etwa 30 Minuten lässt man den Topf abkühlen und gießt das überschüssige Wasser ab. Die Dübel werden nun in Gläser gefüllt (dabei 1/3 frei lassen). Aus Filwatin werden mehrere Lagen gleichgroßer Kreise zugeschnitten – so groß, dass sie über den Rand des Glases ragen und noch mit einer Schnur befestigt werden können. Zum Schluss wird noch Alufolie über das Glas gestülpt.

Fotos: Benedikt Wurth

Sterilsierte Holzdübel neben Getreidebrut

Übertragen von Getreidebrut auf Holzdübel

Die gefüllten Gläser und ein ebenfalls in Alufolie eingepackter Löffel werden nun im Druckkochtopf sterilisiert. Dazu wird der Druckkochtopf 2–3 cm mit Wasser befüllt und der Inhalt ca. 20 Minuten erhitzt. Danach lässt man ihn abkühlen.

Im Anschluss wird eine saubere Arbeitsfläche gewählt und die Getreidebrut auf die sterilisierten Gläser verteilt. Nach diesem Arbeitsschritt muss der Filwatin-Filter wieder angebracht und mit einem schon vorbereiteten Gummiband fixiert werden.

Anschließend werden die Gläser an einem dunklen, sauberen Ort gelagert. Die Durchwachszeit beträgt etwa 4 Wochen. Ausgehend von den Getreidekörnern wächst das Myzel auf den Dübeln an (Details zur Beimpfung von Dübelbrut auf Holzstämmen oder Stubben (→ Kapitel Pilze auf Baumstämmen S. 18)

Ganoderma lucidum auf Buchenholz

Foto: Benedikt Wurth

Reishi in unterschiedlichen Verarbeitungsstufen

Verwendung von Pilzen in der Medizin

Eine Vielzahl von Pilzen ist fähig, ihre Stoffwechselprodukte gegen Viren, Bakterien und andere schädliche Pilze einzusetzen. Das wohl bekannteste Beispiel dafür ist Penicillin, das Stoffwechselprodukt eines Schimmelpilzes, oder auch die im Shiitake enthaltene Substanz Lentinan, welche in der Krebstherapie Verwendung findet.

Die Traditionelle Chinesische Medizin (TCM) beschäftigt sich schon seit Jahrtausenden mit der heilenden Wirkung unterschiedlichster Pilze. Diese dienen der Vorbeugung oder Behandlung von Krankheiten. Einer der vielen Vorteile von Heilpilzen ist, dass sie nahezu nebenwirkungsfrei sind, präventiv verwendet werden und den Körper in ein allgemeines Gleichgewicht bringen können. Auch im europäischen Raum vertrauten schon früher viele Menschen auf die positive Wirkung von Pilzen. Besonders die Klostermedizin schätzte und beschäftigte sich mit der Wirkung von heimischen Pilzen auf die Gesundheit. Leider ist dieses Wissen in Europa immer mehr in den Hintergrund getreten und beginnt sich erst wieder zu etablieren. In den letzten Jahrzehnten hat sich die pharmazeutische Forschung intensiv mit Pilzinhaltsstoffen auseinandergesetzt. Ein Portal für wissenschaftliche Studien namens „Pubmed" (http://www.ncbi.nlm.nih.gov/pubmed) listet beispielsweise viele interessante Artikel zu diesem Thema auf.

Ein wichtiger Begriff bei der Anwendung von Heilpilzen stellt die Mykotherapie dar. Sie zählt zum Bereich der Naturheilkundemethoden und kann hervorragend ergänzend zu anderen ganzheitlichen Therapieformen eingesetzt werden.

Bei Interesse an dieser alternativen Heilmethode wird empfohlen, sich mit Mykotherapeuten oder Praktikern der TCM in Verbindung zu setzen und gemeinsam die optimale Therapieform zu finden. Vor Einnahme und Anwendung muss die Verträglichkeit des gewählten Heilpilzes abgeklärt werden. Die meisten Heilpilze werden jedoch allgemein gut vom Organismus angenommen und können vielseitig zur vorbeugenden Behandlung oder zur Unterstützung der eigenen Gesundheit verwendet werden.

Die im Folgenden beschriebenen Pilze können entweder selbst kultiviert, in der Natur gefunden oder im Handel (Apotheke und Fachhandel) bestellt werden. Manche Pilze haben einen sehr komplexen Lebenszyklus oder sind sehr anspruchsvoll in der Kultivierung.

Es gibt mehrere Institutionen, die eine große Auswahl an Heilpilzen anbietet und Fragen zur Anwendung kompetent beantworten (wie z.B. die Gesellschaft für Vitalpilzkunde in Deutschland oder das Institut für Ernährungs- und Pilzheilkunde MykoTroph AG).

Unser Tipp: Die im Anhang angeführten Literaturangaben dienen zur weiteren Information. Dort finden Sie auch verschiedene Bezugsquellen für Heilpilze.

Reishi/Glänzender Lackporling (*Ganoderma lucidum*)

Der Reishi zählt zu den hoch geschätzten Heilmitteln in der TCM. Die Chinesen gaben ihm Namen wie „Göttlicher Pilz der Unsterblichkeit" oder „Pflanze mit spiritueller Kraft". Sein Name weist sozusagen schon auf seine Kostbarkeit und seine medizinische Verwendung hin. Der Glänzende Lackporling ist nicht nur in Japan und China beheimatet, sondern auch in Europa. Der Habitus erinnert an Baumschwämme, er besitzt einen korkartigen Hut von fester Konsistenz. Je nach vorherrschendem Entwicklungsstadium kann er äußerst skurrile Formen annehmen. Seine Farbpalette reicht von braunrötlich bis orange-weißgelblich. Er weist eine helle gelbweiße Wachstumszone auf, die sehr empfindlich ist. Durch sie kann man den Wachstumsverlauf des Pilzes sehr gut mitverfolgen. Wird der Reishi getrocknet, behält er seinen Habitus und schrumpft kaum. Er zählt zu den holzbewohnenden, saprophytisch lebenden Pilzen und besiedelt Laubhölzer. Wer einen Versuch wagen will, kann den Reishi auch auf Buchenbaumstämmen selbst kultivieren (→ Sonderkultur: Reishi in Töpfen S. 88). Alternativ kann im Handel fertig beimpftes Substrat oder der Pilz selbst erworben werden.

Aufgrund seines holzigen Fruchtkörpers und seinem leicht bitteren Geschmack findet er Verwendung als Tee, in Extrakten oder auch in Kapseln als Pilzpulver.

Die Triterpene und Beta-Glucane zählen zu den wichtigsten Wirkstoffgruppen des Glänzenden Lackporlings. Diese Stoffe regen das Immunsystem an und werden therapeutisch in der Krebstherapie und zur Vorbeugung von unterschiedlichen Krankheiten eingesetzt. Es konnten auch Erfolge in der Behandlung von Herz-Kreislauf-Erkrankungen wissenschaftlich nachgewiesen werden.

Kurzer Überblick der Anwendungsgebiete von Reishi:

- Herz-Kreislauf
- Blutdruckregulation
- Höhenadaption
- Immunstärkung, Immunmodulierung
- adjuvante Krebstherapie (Magen, Leber, Lunge, Haut, Gehirn, Niere)
- Allergien
- Infektionen (besonders chronische Hepatitis)
- Entzündungen
- Asthma, Bronchitis
- Schlafstörungen, Erschöpfung
- Anti-Aging

Unser Tipp: Wird der Reishi selbst kultiviert und verarbeitet, gilt es, Folgendes zu beachten:
Die frischen Pilze werden geschnitten und anschließend im Backrohr oder Dörrapparat vollständig und schonend (bei max. 40–50 °C) getrocknet. Die Aufbewahrung in gut verschließbaren Gefäßen ist essenziell. Je nach Bedarf kann für die Verwendung als Tee ein Pilzpulver (mittels Kaffeemühle) hergestellt werden. Hier gilt: Je feiner gemahlen, desto besser. Für 1 Tasse Tee benötigt man etwa 1–2 Teelöffel gemahlenen Reishi. Da der Reishi etwas bitter schmeckt, kann er auch in geringerer Menge gemeinsam mit Teekräutern oder Kaffee getrunken werden. Das Wasser sollte beim Aufgießen nicht mehr kochen, da bei zu hohen Temperaturen hitzelabile Inhaltsstoffe im Pilz verloren gehen könnten.
Kauft man Kapseln mit Pilzpulver oder Extrakte aus dem Reishi, sollte unbedingt auf die biologische Herstellung, schonende Verarbeitung, Herkunft und Qualität geachtet werden. Informationen dazu können beim Produzenten erfragt werden. Die Dosierung muss individuell mit Ärzten oder Mykotherapeuten abgestimmt werden. Auf der Verpackung gibt es meist auch empfohlene Tagesdosierungen. Diese können hilfreich sein, wenn der Reishi „nur" zur Vorbeugung eingenommen wird.

Shiitake (*Lentinula edodes*)

Der Shiitake zeichnet sich durch seinen hervorragenden Geschmack und sein breites Wirkungsspektrum für die therapeutische Anwendung aus. Er enthält Eiweiß, Ballaststoffe, Vitamine und Mineralstoffe. Auch getrocknet behält er sein charakteristisches Aroma. Das im Pilz enthaltene Polysaccharid Lentinan und der Wirkstoff Eritadenin stehen im Mittelpunkt der aktuellen wissenschaftlichen Studien.

Das Polysaccharid stimuliert vor allem das Immunsystem und trägt zur vermehrten Bildung von speziellen Antikörpern bei. Es wur-

Der Shiitake ist einfach zu kultivieren

den auch schon Erfolge mit HIV-infizierten Patienten erzielt. Schulmedizinisch wird Lentinan in Japan als zusätzliche unterstützende Behandlung bei Tumoren verwendet. Dieser Wirkstoff ist auch Bestandteil eines in den USA zugelassenen Krebsmedikaments. Lentinan hat sich ebenfalls gegenüber Virusinfektionen (wie Grippe) als hilfreich erwiesen. Eritadenin hat nachweislich regulierende Wirkung auf den Blutfettspiegel. Die Einnahme von Shiitake kann sich auch positiv auf den Cholesterinspiegel auswirken. Die im Pilz enthaltenen Vitamine stellen eine weitere ernährungsphysiologische Eigenschaft dar. So besitzt er z.B. Vitamin D sowie dessen Provitamine.

Kurzer Überblick der Anwendungsgebiete von Shiitake:

- Immunschwäche
- Erkältung, Grippe
- Infektionskrankheiten (bakteriell und viral)
- Regulation des Fettstoffwechsels
- Osteoporose
- Gicht
- Arthritis, Fibromyalgie
- begleitend in der Krebstherapie
- Aufbau der Darmflora

Unser Tipp: Im Kapitel „Rezepte und Verarbeitung von Pilzen" *(→ S. 118)* *finden Sie Beschreibungen zur Konservierung von Shiitake.*

Wichtiger Hinweis: Bei besonders empfindlichen Menschen wurden bei der Einnahme des Pilzes Unverträglichkeiten in Form von Hautrötungen festgestellt. Die Symptome sind relativ bald nach dem Verzehr erkennbar, es gibt jedoch nur wenige gemeldete Fälle von Shiitake-Dermatitis. Im Fall einer entzündlichen Reaktion sollte ein alternativer Heilpilz zum Einsatz kommen. Es kann auch nur zu temporär auftretenden Hautunreinheiten kommen – diese sind positive Zeichen einer beginnenden Ausleitung und Entgiftung.

Kultivierung des Igelstachelbart auf Substrat

Igelstachelbart/Affenkopfpilz (*Hericium erinaceus*)

Ein weiterer Heilpilz, der nicht nur durch sein ausgezeichnetes Aroma, sondern auch durch seine positive Wirkung auf den Körper bekannt ist, nennt sich Igelstachelbart oder Affenkopfpilz. Sein eiszapfenartiger Wuchs und seine cremig-weiß bis leicht rosa Farbe machen ihn zu einer wahren Sensation. Der Pilz wird entweder auf Laubholz (z.B. Buche, Birke, Eiche) oder auf Fertigsubstrat kultiviert. In der asiatischen Küche gilt er als Delikatesse.

Schon die Ureinwohner Nordamerikas benutzten den Pilz als blutstillendes Mittel bei Schnittwunden. Er hat auch eine positive Wirkung bei Magen- und Darmerkrankungen sowie bei Nervenkrankheiten.

Eine Vielzahl an Forschungen beschäftigt sich mit den Inhaltsstoffen des *Hericium*. Der Pilz enthält alle 8 essenziellen Aminosäuren, die der Mensch benötigt. Des Weiteren besitzt er einen hohen Kaliumgehalt und andere wichtige Inhaltsstoffe wie Zink, Eisen, Selen und organisches Germanium. Die enthaltenen Polysaccharide und Polypeptide sind Zentrum der Forschungen um den *Hericium*. Es konnte nachweislich die allgemeine Stärkung des Immunsystems und die erhöhte körpereigene Abwehr gegenüber Antigenen bewiesen werden. Der Pilz hat eine stimulierende Wirkung auf die Regeneration von Nervengewebe. Extrakte des Pilzes werden daher in der Behandlung von Alzheimer und Parkinson begleitend eingesetzt.

Kurzer Überblick der Anwendungsgebiete vom Igelstachelbart:

- Magen- und Darmprobleme (entzündlich, funktionell)
- Krebsprävention, insbesondere bei Magen-, Darm-, Speiseröhren- und Hautkrebs
- Nervenkrankheiten
- Angst, Depression
- innere Unruhe, Schlafstörungen
- Immunmodulation
- chronische Hauterkrankungen

Unser Tipp: Der Igelstachelbart ist ein hervorragender und sehr spezieller Speisepilz – lassen Sie sich nicht die Gelegenheit entgehen, den Pilz auf Baumstämmen oder Fertigsubstrat zu kultivieren. Rezepte finden Sie im Kapitel „Rezepte und Verarbeitung von Pilzen" *(→ S. 118)**.*

Schopftintlinge sind auch auf Wiesen zu finden, ...

... sie zerfließen jedoch schnell zu Tinte

Schopftintling (*Coprinus comatus*)

Der Pilz zählt zur Familie der Tintlinge, was bereits auf eine Eigenschaft des Pilzes hinweist. Wenn der Schopftintling zu spät geerntet wird, zersetzt er sich und zwar, indem er wie Tinte zerfließt (→ Abbildung oben). Wenn der Pilz also selbst kultiviert wird, sollte er unbedingt rechtzeitig geerntet werden.

Coprinus comatus besitzt eine ausgewogene Vitamin- (besonders hoher Vitamin-C-Gehalt) und Mineralstoffzusammensetzung. Dadurch wird er zu einem interessanten Heilpilz. Durch seine blutzuckersenkende Wirkung wird er mit Erfolg in der Diabetestherapie angewendet. Aufgrund der europäischen Herkunft ist der Pilz auch bei uns relativ gut erforscht. Wesentliche Inhaltsstoffe sind Kalium, Magnesium, Eisen, Kalzium, Mangan, Zink, Kupfer und Vanadium. Letzterer ist mitverantwortlich für die blutzuckersenkende Wirkung. In der TCM wird er zur Vorbeugung von Hämorrhoiden und als Verdauungsförderer eingesetzt. Er wirkt sich auch positiv auf die Regulierung des Stoffwechsels aus.

Kurzer Überblick der Anwendungsgebiete vom Schopftintling:

- Diabetes (Blutzuckersenkung bei Diabetes Typ 1 und besonders Typ 2)
- Arteriosklerose, Durchblutungsstörungen
- Verdauungsprobleme, Störungen der Darmflora
- Hämorrhoiden
- Sarkome (Geschwülste des Binde- und Stützgewebes)
- Hemmung von Brustkrebszellen (unabhängig von Östrogenrezeptorentyp)

Unser Tipp: Im Kapitel „Besonderheit: Schopftintling in Beetkulturen und ‚Pilztopf'" (→ S. 72) finden Sie ein Kultivierungsbeispiel für den Schopftintlingsanbau.

Mandelpilz/ABM (*Agaricus blazei Murrill*)

Dieser Pilz wurde erst relativ spät entdeckt, begeisterte jedoch schnell aufgrund seiner ausgezeichneten Wirkung auf die Gesundheit. Auch die Herkunft ist als besonders zu sehen – der Mandelpilz stammt aus den Regenwaldregionen Brasiliens. Die Bauern in diesen Regionen sammelten ihn und starteten später auch die Produktion. Forscher wurden auf den Pilz aufmerksam und durch medizinische Untersuchungen konnten nochmals die positiven Eigenschaften des Pilzes bewiesen werden. Auch in Asien wird der Mandelpilz hoch geschätzt. Der *Agaricus blazei Murrill* gehört zur gleichen Familie wie der Kulturchampignon und

Mandelpilz auf Fertigsubstrat

Ein junges Judasohr in Entwicklung

bevorzugt folglich auch fermentierte Nährsubstrate. Er gedeiht am besten bei höheren Temperaturen, höherer Luftfeuchtigkeit und etwas Sonnenlicht. Aus diesem Grund ist die Kultivierung des Heilpilzes eher etwas für geübte Pilzfreunde.

Der Pilz hat nachgewiesenermaßen präventive antikanzerogene Eigenschaften und überzeugt durch seine antiallergische, antidiabetische, entzündungshemmende Wirkung auf den Organismus. In mehreren wissenschaftlichen Studien konnte die Beeinflussung auf das Wachstum sowie die Rückbildung von Tumoren bewiesen werden. Diese Studien wurden mit Extrakten aus dem ABM durchgeführt. Zudem lindert die Einnahme die Nebenwirkungen einer Chemotherapie. Die Hemmung von Metastasenbildung wurde bei Leukämie, Darm-, Lungen-, Gebärmutter(hals)-, Brust-, Bauchspeicheldrüsen-, Leberkrebs und Prostata in Studien bestätigt.

Kurzer Überblick der Anwendungsgebiete vom Mandelpilz:

- Krebsprävention
- Immunschwäche, Immundysbalance
- Hauterkrankungen
- Verdauungsstörungen, Darmregulation
- Diabetes
- Bluthochdruck, Fettstoffwechselstörungen
- allergische Reaktionen
- Entzündungen und Infektionen
- Milderung der Nebenwirkungen bei Chemo- und Strahlentherapie

Unser Tipp: Wenn Sie den Mandelpilz selbst kultivieren wollen, können Sie sich ein Fertigsubstrat besorgen und die Pilze in einem Zimmergewächshaus heranziehen. In diesem warm-feuchten Milieu können schnell Pilze geerntet werden. Beschreibungen zur Handhabung von Zimmergewächshaus-Kulturen finden Sie im Kapitel „'Behütete' Umgebung für alle Jahreszeiten" (→ S. 85).

Judasohr/Chinesische Morchel (*Auricularia polytricha*)

Den Pilz kennt man hauptsächlich aus der asiatischen Küche. In weiten Teilen Europas ist er jedoch ebenfalls heimisch. Die Fruchtkörper des Judasohrs sind häufig auf geschwächten Holunderstauden und anderen Laubgehölzen wie Weiden zu finden. Kultivieren kann man ihn auf Baumstämmen oder Fertigsubstrat. Eine weitere Option ist das Sammeln des Pilzes in der Natur.

Seine Fruchtkörper erreichen eine Größe von 3–10 mm. Das Farbspektrum ist recht variabel –

Judasohr auf Fertigsubstrat

von hellbraun bis rotbraun. Durch seine charakteristische ohrmuschelartige Form und seine gallertartige Konsistenz erkennt man das Judasohr meist gut im Wald. Falls Pilze gesammelt werden, diese bitte immer anhand von Fachbüchern bestimmen.

Der Pilz wird zur Verbesserung der Fließeigenschaften des Blutes verwendet und begünstigt allgemein die Durchblutung, ohne die Gefäßwände anzugreifen. Blutverdünnende Medikamente greifen oft die Kollagenbestandteile der Gefäße an, daher ist die Verwendung von *Auricularia polytricha* empfehlenswert. Anhand von Untersuchungen mit wässrigen und alkoholischen Extrakten aus dem Pilz konnte die antithrombotische Wirkung bekräftigt werden.

Kurzer Überblick der Anwendungsgebiete vom Judasohr:

- Arteriosklerose
- Blutdruckregulierung, Bluthochdruck
- Blutgerinnungsreduktion, Antithrombosetherapie
- arterielle Durchblutungsstörungen
- Herzinfarkt (Senkung des Risikos, Prävention)
- Immunsystemmodulierung und -regulierung
- Entzündungen der Augen, der Haut und der Schleimhäute

Unser Tipp: Judasohr kann gemahlen ausgezeichnet zum Eindicken von Saucen verwendet werden und gibt Suppen durch seinen guten Biss eine spezielle Note. ***Auricularia polytricha*** *ist fast das ganze Jahr in der Natur auf geschwächten Laubbäumen zu finden – einfach mit offenen Augen durch den Wald gehen, dann entdeckt man die Kostbarkeiten auch in der freien Natur. Die Kultivierung ist eher etwas für Experimentierfreudige.*

Austernseitling (*Pleurotus ostreatus*)

Austernseitlinge sind nicht nur leicht zu kultivieren, sondern überzeugen auch durch ihre Inhaltsstoffe, die sich positiv auf den Körper auswirken können. Der Pilz ist in Europa heimisch und wächst auf unterschiedlichsten Laubbäumen (Buche, Erle, Weide etc.). Wie auch andere schon erwähnte Pilze ist der Austernseitling reich an Vitaminen, hier hebt sich die Gruppe der B-Komplex-Vitamine besonders hervor. Die Vitamine C und D wie auch Folsäure sind weitere wichtige Inhaltsstoffe. So fördert Vitamin D die Knochenbildung und ist mitverantwortlich für die vorbeugende Wirkung bei Osteoporose. Folsäure spielt eine wichtige Rolle im Bezug auf die Blutbildung, das Wachstum junger Zellen und die Senkung des Homocysteinwerts im Blut. Diese Inhaltsstoffe wirken dem Risiko von Herz-Kreislauf-Erkrankungen entgegen. *Pleurotus ostreatus* hat antivirale Eigenschaften und kann zur Senkung des Lipoproteingehalts (Cholesterin- und Triglyzeridwert in Blut und Leber) beitragen. Anhand von Untersuchungen konnte die unterstützende Wirkung auf das Wachstum probiotischer Bakterien (Laktobazillen, Enterokokken und Bifidobakterien) im Darm festgestellt werden.

Kurzer Überblick der Anwendungsgebiete vom Austernseitling:

- entspannt Muskeln, Sehnen und Gelenke
- verringert Osteoporoserisiko
- unterstützt Darmflora

Unser Tipp: Austernseitlinge sind die optimale Ergänzung für eine gesunde Ernährung. Sie sind einfach zu kultivieren und vielseitig in der Küche verwendbar. Mehr zur Kultivierung finden Sie im Kapitel „Pilze auf Baumstämmen" (→ S. 18).

Birkenporling (*Piptoporus betulinus*)

Unscheinbar, aber sehr häufig trifft man bei Waldspaziergängen auf den Birkenporling. Er ist ein Schwächeparasit, der auf geschwächten oder bereits abgestorbenen Birkenstämmen wächst. Ist eine Birke von diesem Pilz befallen, ist mit erhöhter Bruchgefahr zu rechnen. Wenn dieser Pilz in der Natur gesammelt wird, sollte man die wichtigsten Bestimmungsmerkmale erkennen können.

Birkenporling aus dem Waldviertel

Birkenporling

Je nach Entwicklungsstadium kann er eine Größe von 10–30 cm erreichen. Die Fruchtkörper haben eine cremig-hellbraune Hutoberseite und feine weiße Röhren auf der Hutunterseite. Das Pilzfleisch ist kompakt, weiß und dickfleischig. Er besitzt eine stielartig zusammenlaufende Basis und wächst kissenartig gepolstert direkt aus dem Stamm heraus.

Die Pilze treten ganzjährig auf, darum muss auf die Frische der Pilze geachtet werden. Birkenporlinge sollten geerntet werden, wenn die Hutunterseite weiß ist – sobald dunkle Flecken und eine verschmutzte Unterseite zu erkennen sind, darf der Pilz nicht mehr verwendet werden. Die Oberseite des Pilzes fühlt sich glatt an. Die Fruchtkörper werden am besten im Sommer bis in den Herbst (November) gesammelt. Bei älteren Exemplaren kann man die Röhren leicht vom Fleisch trennen. Manchmal hat der Birkenporling auch einen leicht gewellten Rand. Im Jugendstadium besitzt er ein knollenartiges Aussehen (→ Abbildung links unten).

Laut dem Pilzberater Hans-Heinrich Kunde ist der Birkenporling bei Magenschwäche, Magenverstimmungen, Magenreizung oder auch Magenschleimhautentzündungen hilfreich. Er kann vorbeugend als Tee getrunken werden. Die im Pilz enthaltenen Polyporensäuren bewirken nachweislich die entzündungshemmenden und antibakteriellen Eigenschaften des Heilpilzes.

Kurzer Überblick der Anwendungsgebiete vom Birkenporling:

- Verdauungsbeschwerden
- Blähungen und Blähbauch
- Allergien
- Kälteempfindlichkeit
- Schlafstörungen
- Schluckauf (krampflösender Einfluss auf das Zwerchfell)
- Erschöpfung
- Migräneanfälle
- Brustdrüsenentzündung

Foto: Benedikt Wurth

Rezepte und Verarbeitung von Speisepilzen

Alle Rezepte sind für 2–3 Personen.

Shiitake

Der Shiitake ist in der Küche besonders beliebt. Er hat einen wunderbaren Geschmack und kann auch vielseitig verarbeitet werden. Er lässt sich einfach in Öl braten, eignet sich gut zum Panieren und ergibt schmackhafte Pilzsaucen. Die Pilze können eingefroren werden, empfehlenswert ist es aber, sie vorher speisefertig zu machen. Dazu werden sie in etwas Öl angebraten und gewürzt. Eine Delikatesse sind die Pilze auch mit Kräutern in Essig eingelegt.

Die Pilze können je nach Zubereitungsart in verschiedenen Stadien geerntet werden. Zu beachten ist dabei, dass der Hut idealerweise noch etwas nach innen gewölbt ist. Den Stiel verwendet man in der Regel nicht – er kann jedoch auch zu Pilzpulver verarbeitet werden. Getrocknete Shiitakes sind lange haltbar.

Natürlich können die Pilze auch in jüngeren Stadien geerntet werden – vor allem, wenn man sie einlegen will. Es ist vielleicht noch zu erwähnen, dass nicht versucht werden sollte, die Pilze so groß wie möglich zu ernten, da diese mit fortschreitendem Alter auch wurmig werden können.

Öfters kann man kleine schwarze Käfer bei den Lamellen herumkrabbeln sehen. Dies ist noch kein Grund zur Besorgnis – bei der Ernte können die Tierchen durch leichtes Klopfen auf den Hut entfernt werden. Es ist nicht nötig, die Pilze zu waschen.

Panierte Shiitakes mit Kräutersauce

Zutaten

- 15 mittlere bis kleine Shiitakes ohne Stiel
- 1 Handvoll Weizenvollkornmehl
- 2 Eier (mit Kräutersalz gewürzt), verquirlt
- 1 Handvoll Semmelbrösel
- 1/2 l Sonnenblumenöl zum Herausbacken

Für die Sauce

- 1 Becher Sauerrahm
- 1 Becher Crème fraîche
- frische oder getrocknete Kräuter
- Salz, Pfeffer
- 1 schwacher Teelöffel Curry, Paprikapulver und andere Gewürze

Die Shiitakes in Vollkornmehl beidseitig wenden, durch verquirlte und mit Kräutersalz gewürzte Eier ziehen und danach in Semmelbröseln wälzen (die Brösel dabei nur zart andrücken).

Reichlich Sonnenblumenöl (ca. 1–2 cm hoch) in einer passenden Pfanne auf mittlerer Stufe erhitzen. Die panierten Shiitakes ins erhitzte Öl legen und bräunen lassen. Am Ende die panierten Shiitakes abtropfen lassen und mit Küchenpapier das überschüssige Öl abtupfen.

Für die Sauce Sauerrahm und Crème fraîche mit den Kräutern und Gewürzen vermischen und zu den panierten Shiitakes als Dip reichen.

Unser Tipp: In Panier gewälzte Shiitakes können gut eingefroren werden. Sie verlieren nicht an Geschmack. Die Pilze sollten dann nicht aufgetaut, sondern noch tiefgefroren ins Öl gelegt werden – sonst werden sie matschig.

Wokgemüse mit getrockneten Shiitakes

Zutaten

- 25 g getrocknete Shiitakes
- etwas Sojasauce und Wasser
- 1 kleine Chilischote, in feine Scheiben geschnitten
- 1 Schale gekeimte Sprösslinge (z.B. Berglinsenkeimlinge, Mungbohnenkeimlinge, Sojasprossen)
- 1 roter Paprika
- 100 g Spitzkraut
- 2 Stangen Frühlingszwiebeln
- 1/2 Stange Lauch
- frische Kräuter der Saison (z.B. Koriander, Zitronenbasilikum, Roter Shiso etc.)
- ca. 1 cm Ingwer (oder nach Belieben)
- etwas Sonnenblumenöl/Olivenöl
- Salz, Pfeffer
- 1 Esslöffel schwarze Sesamsamen

Die getrockneten, dick geschnittenen Shiitakes werden für etwa 20 Minuten in Sojasauce, Wasser und ein paar Chilischeiben eingeweicht. Das Gemüse (Lauch, Paprika, Spitzkraut, Frühlingszwiebel) waschen und beliebig zerkleinern. Frische Kräuter und Ingwer getrennt sehr fein hacken. Im Wok oder in einer größeren Pfanne etwas Öl erhitzen und das Gemüse gemeinsam mit den Pilzen samt dem Sud scharf anbraten. Etwas später wird Ingwer beigemengt. Alles zusammen etwa 5 Minuten bei mittlerer Hitze dünsten lassen. Das Gemüse kann noch etwas knackig bleiben.

Abschließend mit Salz und Pfeffer abschmecken und den gekeimten Sprösslingen anrichten. Frische Kräuter und Sesamsamen zum Dekorieren verwenden.

Als Beilage eignen sich Reisnudeln, Woknudeln oder Basmatireis.

Unser Tipp: Gekeimte Sprösslinge können leicht selbst gemacht werden. Dazu Berglinsen oder Mungbohnen über Nacht in einer Schale mit Wasser einweichen, damit sie Wasser aufnehmen können. Dann am besten in einer Keimschale gleichmäßig verteilen (sie sollten nicht zu dick aufeinander liegen) und 2-mal pro Tag mit kaltem Wasser durchspülen. Nach 2–3 Tagen – je nach Zimmertemperatur – sind die Sprossen fertig gekeimt und können frisch zu Wokgemüse oder als Salat verzehrt werden.

Fotos: Benedikt Wurth

Wokgemüse mit getrockneten Shiitakes

Fotos: Benedikt Wurth

Shiitakeaufstrich bzw. -pesto

Bunter Salat mit gebratenen Shiitakes

Zutaten

- 1 Handvoll frische Shiitakes
- grüner Salat der Saison (Endivie, Häuptelsalat, Vogerlsalat, Rucola etc.)
- einige Cocktailtomaten
- 1 Gurke
- 1 Paprika
- Salz, Pfeffer
- 1 Packung (125 g) Mozzarella
- etwas Butter oder Öl zum Anbraten

Für das Dressing

- frische Kräuter der Saison
- Olivenöl
- Balsamicoessig
- Salz, Pfeffer
- 1 Esslöffel Sauerrahm
- 1 Teelöffel scharfer Senf
- Zitronensaft

Salat, Cocktailtomaten, Gurken und Paprika waschen, klein schneiden und beiseitestellen.

Für das Dressing die frischen Kräuter zerkleinern und mit den restlichen Zutaten in einer kleinen Schüssel gut verquirlen.

Shiitakes in dünne Scheiben schneiden, gut in Butter oder Öl anbraten und mit Salz, Pfeffer und Gewürzen leicht würzen. Den Mozzarella schneiden und zum Salat geben.

Das Dressing über den Salat leeren, den Salat auf Tellern anrichten und die Shiitakes auf die Salatteller verteilen.

Dekorationstipp: Falls im Garten gerade Ringelblumen oder Kapuzinerkresse blühen, bestreuen Sie den Salat mit Blütenblättern. Das sorgt für eine bunte Abwechslung.

Shiitakeaufstrich bzw. -pesto

Zutaten

- 500 g frische Shiitakes
- 6 Esslöffel Olivenöl
- 80 g Mandeln
- 5 Esslöffel Parmesan
- 1 Bund Petersilie
- Olivenöl
- 1 Teelöffel Salz
- etwas gemahlener Pfeffer
- 1 Schuss Zitronensaft

Mittlere bis große Shiitakehüte in Scheiben schneiden und gut in etwas Öl in einer Pfanne anbraten. Die Mandeln ohne Öl kurz als Ganzes anrösten und anschließend fein hacken. Parmesan möglichst klein hacken und gemeinsam mit den gehackten Mandeln vermischen.

Frische Petersilie zerkleinern und mit 1 Schuss Zitronensaft dem Mandel-Petersilie-Gemisch beimengen.

Wenn die Shiitakes gut angebraten sind, werden diese im Mixer ebenfalls zerkleinert. Abschließend die gesamte Masse gut vermischen und mit Olivenöl, Salz, Pfeffer und Zitronensaft abschmecken. Falls der Aufstrich noch zu bröselig ist, mengen Sie einfach etwas mehr Olivenöl bei.

Unser Tipp: Haltbarmachen leichtgemacht – Aufstrich in Gläser füllen (dabei nicht bis ganz obenhin anfüllen) und in stark kochendem Wasser (bei 90–100 °C) ca. 1 Stunde lang pasteurisieren. Anschließend langsam abkühlen lassen. Beim Befüllen der Gläser ist es wichtig, dass kein Öl oder Aufstrich auf Rand oder Deckel kommt. Der Deckel zieht sonst nicht ein und die Haltbarkeit wäre somit verkürzt. Wenn der Aufstrich richtig pasteurisiert wurde, ist er dunkel gelagert etwa 1 Jahr haltbar.

Eingelegte Shiitakes

Zutaten
- etwa 1 kg Shiitakes

Für die Marinade
- 1/2 l milder Apfelessig
- 1/2 l Wasser
- Salz
- Senfkörner
- Pfefferkörner

Für die Marinade alle Zutaten vermengen und die Marinade nach Belieben abschmecken.

Kleine Shiitakes bzw. größere geschnittene Shiitakes in der Marinade einmal aufkochen lassen – dabei sollten die Shiitakes mit Marinade bedeckt sein. Nach dem Aufkochen abkühlen lassen und wenn nötig nachwürzen.

Nun die Pilze samt der Marinade in Gläser füllen und gut verschließen. Die Gläser 1 Stunde bei 90–100 °C (in stark kochendem Wasser) pasteurisieren und anschließend langsam abkühlen lassen.

Eingelegte Shiitakes

Austernseitlinge

Austernseitlinge sind nicht nur im Aussehen ganz unterschiedlich – jede Sorte hat einen typischen Geschmack. Die Pilze eignen sich ausgezeichnet für Saucen oder schmecken auch einfach nur scharf angebraten auf einem Butterbrot vorzüglich.

Austernseitlinge wachsen in Büscheln – d.h., wenn man sie erntet, sollten nicht nur einzelne große Pilze aus dem Verbund genommen werden, sondern alle. Wird versucht, nur die größeren Pilze zu ernten, können die kleineren Pilze nicht mehr optimal wachsen.

Der Stiel wird beim Kochen nicht verwendet. Wie bereits erwähnt, ist es günstig, die Austernpilzstrünke nicht auf dem Substrat (Holz, Stroh) zu belassen. Wenn die Pilze nicht von Erde beschmutzt sind, muss man sie nicht waschen.

Werden Austernseitlinge im Kühlschrank aufbewahrt (ist bis zu 4 Tagen bei 2–4 °C möglich), dann bildet der Pilz als natürliche Reaktion häufig noch einen weißen Myzelflaum aus. Dies ist eine völlig normale Reaktion und beeinflusst die Qualität keineswegs.

Austernseitlinge in Kräutersauce

Zutaten
- 200 g Austernseitlinge (Sorte je nach Saison)
- 2 Zwiebeln oder 1 Stange Lauch, gehackt
- etwas Öl
- 1 Bund frische Kräuter (z.B. Basilikum, Petersilie, Koriander)
- 1/8 l Obers
- Salz, Pfeffer
- Gemüse der Saison (z.B. 1/2 Zucchini, 1 Knolle Fenchel, 2 Karotten, 6 Blätter Mangold, 1/4 Kraut), zerkleinert
- Gewürze (Oregano, Majoran, Salz, Pfeffer, Curry, evtl. Knoblauch)
- 1 Handvoll geriebener Parmesan

Austernseitlinge schneiden und mit gehackten Zwiebeln oder Lauch in etwas Öl anbraten. Zerkleinerte Kräuter dazugeben und anschließend mit Obers ablöschen. Mit Salz und Pfeffer abschmecken.

In einer weiteren Pfanne das geschnittene Gemüse in Öl anrösten und gut würzen. Das fertige Gemüse und die Austernseitlinge gemeinsam mit Parmesan anrichten und mit einer Beilage nach Wahl servieren.

Als Beilage eignet sich Reis, Quinoa, Buchweizen oder auch Bandnudeln.

Gefüllte Palatschinken mit Austernseitlingen

Zutaten

- 400 g Austernseitlinge (Sorte je nach Saison)
- 1 Zwiebel
- 1–2 Knoblauchzehen
- 1 Esslöffel Butter
- Gemüse der Saison (Karotten, Melanzani oder Zucchini), gerieben oder klein geschnitten
- 1 Bund frische Kräuter (Basilikum, Koriander oder Petersilie), gehackt
- 150 g Sojasprossen
- Salz, Pfeffer
- 100 g Bergkäse, gerieben

Für den Palatschinkenteig

- 100 g Mehl
- 1/4 l Wasser
- 3 Eier
- Salz
- Öl zum Herausbacken
- Butter für die Form

Die Austernseitlinge in kleine Stücke schneiden und dabei den harten Strunk entfernen. Zwiebel und Knoblauchzehen fein schneiden und gemeinsam mit den Austernseitlingen in einer Pfanne mit Butter erhitzen. Geriebene Karotten oder anderes klein geschnittenes Gemüse zugeben. Gehackte Kräuter und Sojasprossen erst am Schluss dazugeben und abschließend mit Salz und Pfeffer abschmecken.

Das Backrohr währenddessen auf 180 °C aufheizen. Für den Palatschinkenteig – dieser kann schon vor dem Gemüse vorbereitet werden – Mehl, Wasser, Eier, Salz zu einem Teig anrühren und in einer Pfanne mit etwas Öl backen.

Anschließend werden die Palatschinken mit der Gemüse-Pilz-Sauce gefüllt, eingerollt und in eine ausgefettete Auflaufform gelegt. Abschließend wird der geriebene Bergkäse noch darübergestreut und die gefüllten Palatschinken werden ca. 10–15 Minuten im vorgeheizten Backrohr (180 °C) fertig gebacken.

Unser Tipp: Ausgezeichnet passt zu diesem Rezept ein Salat aus Rucola, Vogerlsalat und Tomaten.

Gegrillte Seitlinge mit Thymian

Ein ausgezeichnetes Sommergericht sind gegrillte Seitlinge – egal welcher Sorte. Im Backrohr oder auf dem Grill entfalten die Pilze ihr feines Pilzaroma und werden zugleich etwas knusprig.

Zutaten

- Seitlinge (Taubenblauer Austernseitling, Gelber Austernseitling, Winterausternseitling, Rosa Seitling)
- etwas Olivenöl oder zerlassene Butter
- getrocknete Kräuter (z.B.: Thymian, Basilikum, Rosmarin etc.)
- Salz

Den Stiel der Pilze entfernen (eventuell verschmutze Pilze vorsichtig waschen) und in einer Schüssel mit etwas Olivenöl oder zerlassener Butter übergießen – dabei nicht zu viel Öl verwenden. Je nach Vorliebe ein paar Kräuter und Salz am Backblech verteilen und im vorgeheiztem Backrohr bei 180 °C Heißluft grillen, bis die Pilze eine leicht bräunliche Farbe haben. Nach zirka 20 Minuten sind die Pilze fertig. Natürlich können die Pilze auch auf den Grill (eventuell mit Alufolie) gelegt werden.

Unser Tipp: Mit einem Kräuterdip kann dieses Gericht zusätzlich verfeinert werden.

Foto: Benedikt

Stockschwämmchen

Viele Pilzliebhaber zählen das heimische Stockschwämmchen zu den schmackhaftesten Pilzen. Es wächst in Büscheln, die Stiele sind an der Basis zusammengewachsen.

Beim Stockschwämmchen verzehrt man nur den Hut. Die Pilze wachsen oft nahe dem Erdreich aus dem beimpften Stamm und müssen eventuell gewaschen werden.

Stockschwämmchen können zu einer vorzüglichen Suppe, zu Saucen oder als Pilzpulver verarbeitet werden.

Stockschwämmchensuppe

Zutaten

- 250 g Stockschwämmchen oder auch Nameko, zerkleinert
- 2 Zwiebeln
- 1 Knoblauchzehe
- etwas Olivenöl und Butter
- 5 mittlere Kartoffeln
- 2 Stangen Maggikraut
- 3/4 l Gemüsebrühe
- Salz, Pfeffer
- Kümmel
- Kräuter der Saison
- 1 Schuss Essig

Zwiebeln und Knoblauch hacken, in Olivenöl und Butter leicht anschwitzen. Kartoffeln schälen, in Würfel schneiden und gemeinsam mit zerkleinerten Stockschwämmchen zu den Zwiebeln geben. Kurz gemeinsam anrösten, mit Gemüsebrühe aufgießen und 2 Stangen Maggikraut beizufügen.

Nach Belieben mit Salz, Pfeffer, Kümmel und Kräutern würzen. Wenn die Kartoffeln weichgekocht sind, 1 Schuss Essig hinzufügen und nochmals abschmecken.

Tipp: Im Verhältnis zu den Stockschwämmchen oder Nameko nicht zu viel Wasser verwenden, da die Suppe etwas dickflüssig am besten schmeckt.

Foto: Benedikt Wurth

Champignons

Champignons eigen sich hervorragend für Saucen oder schmecken auch sehr gut scharf angebraten in Salaten. Die Stielbasis kann bei den Pilzen ohne Weiteres mitverwendet werden.

Im Kühlschrank gelagert werden weiße Champignons oft etwas bräunlich und sollten innerhalb von 3–4 Tagen verkocht werden. Man erntet die Pilze, wenn der Pilzhut gerade nicht mehr mit dem Pilzhäutchen verbunden ist. Zur Erinnerung: Die Champignons werden aus dem Substrat herausgedreht.

Couscoussalat mit Champignons

Zutaten

- 200 g Champignons
- 2 Frühlingszwiebeln
- etwas Butter
- 1 Becher Couscous (oder ein anderes Getreide nach Wahl)
- 2 Tomaten
- 1/2 Packung Schafkäse
- 1/2 Avocado

Für das Dressing

- Olivenöl
- Balsamicoessig
- Salz, Pfeffer
- 1 Teelöffel scharfer Senf
- etwas Zitronensaft

Champignons und Frühlingszwiebel klein schneiden und mit Butter in einer Pfanne anrösten. Couscous mit doppelter Menge Wasser aufkochen und abkühlen lassen. Tomaten, Schafkäse und Avocado klein schneiden und mit dem ausgekühltem Couscous vermengen. Für das Dressing Olivenöl, Balsamicoessig, Senf, Salz, Pfeffer und etwas Zitronensaft vermischen und über den Salat leeren. Angeröstete Champignon- und Frühlingszwiebelstücke dem Salat beigeben.

Unser Tipp: Ideal für ein schnell gemachtes Essen an heißen Sommertagen.

Leichter Sommersalat mit Emmer und Champignons

Zutaten

- 6 Champignons
- 1 Tasse Emmer
- etwas Butter
- 125 g Halloumi, klein geschnitten
- 5 Cocktailtomaten
- 1 Frühlingszwiebel
- 1 Paprika
- 1 kleiner Bund Petersilie, klein gehackt

Für das Dressing

- Olivenöl
- Essig
- 1 Schuss Zitronensaft
- Kräutersalz, Pfeffer
- Senf
- 1/2 Teelöffel Honig

Emmer weich kochen und später kalt abspülen. Die Champignons in grobe Stücke schneiden, mit Butter in einer Pfanne anrösten und beiseitestellen. Anschließend in derselben Pfanne die klein geschnittenen Halloumistückchen und das geschnittene Gemüse scharf anbraten.

Pilze, Gemüse und Halloumi mit dem abgekühlten Emmer servieren.

Das Dressing mit allen Zutaten vermengen. Das Gericht mit klein gehackter Petersilie garnieren.

Foto: Benedikt Wurth

Kräuterseitlinge

Dieser Pilz hat ein wunderbares Aroma und wird von vielen äußerst gerne in der Küche verwendet. Es kann sowohl der Pilzhut als auch der Stängel verwendet werden. Durch Regelung der Temperatur und des Feuchtigkeitsgehaltes in der Wachstumsphase haben die im Handel erhältlichen Kräuterseitlinge oft einen „bauchigen" Stängel. Dankseinem guten Biss wird er gerne für Gemüsegerichte verwendet, eignet sich jedoch auch zum Panieren oder einfach nur gebraten auf ein Brot mit frischen Kräutern.

Kichererbsen-Tomaten-Eintopf mit Kräuterseitlingen

(Rezept von Rosa-Maria Binder)

Zutaten

- 3 Kräuterseitlinge
- 2 Karotten
- 1/2 Stange Lauch
- 1 große Knoblauchzehe
- 1 kleine Chilischote (optional)
- 1/8 l Weißwein
- 125 g Kichererbsen, über Nacht eingeweicht
- 1 Stange fein gehacktes Maggikraut
- 240 g (1 Dose) Tomaten, ganz und geschält
- 1 Teelöffel Honig oder Ahornsirup
- 1 Teelöffel Zitronensaft
- Salz
- fein gehackte Petersilie zum Garnieren
- getoastetes Brot zum Servieren

Pilze, Karotten, Lauch, Knoblauch und Chilistücke fein schneiden, in Öl anschwitzen und mit Weißwein ablöschen.

Anschließend eingeweichte Kichererbsen, Maggikraut und die geschälten Tomaten beigeben und alles zusammen auf kleiner Stufe köcheln lassen. Den Eintopf mit Honig oder Ahornsirup, Zitronensaft und Salz abschmecken, mit Petersilie und getoastetem Brot servieren.

Foto: Benedikt Wurth

Affenkopfpilz/Igelstachelbart

In der asiatischen Küche gilt der Pilz als wahre Delikatesse. Durch sein unvergleichliches Waldaroma und der skurrilen Form des Fruchtkörpers sollte dieser Pilz Einzug in jede Küche halten.

Die zarten weißen Pilze sollten möglichst schnell verarbeitet werden. Sie werden vorsichtig mit einem Messer vom Nährsubstrat entfernt, Druckstellen sollten so gut wie möglich vermieden werden. Der Igelstachelbart muss nicht gewaschen werden.

Gebratener Affenkopfpilz in Gemüse mit Quinoa-Schafkäse-Laibchen

Zutaten

- 4 Affenkopfpilze
- frische Kräuter (z.B. 1/2 Bund (Zitronen-) Basilikum), klein gehackt
- 2 kleine Zwiebeln, fein geschnitten
- Butter
- 100 ml Obers

Für die Gemüsebeilage

- 1 Handvoll Spitzkraut
- 1/4 Zucchini
- 3 Karotten
- Öl
- etwas Weißwein
- Salz, Pfeffer

Für die Quinoa-Schafkäse-Laibchen

- 1/2 Tasse Quinoa
- 1/2 Tasse Reis
- 1 Ei
- Salz
- 1 Teelöffel Curry oder Kurkuma
- Schaf- oder Ziegenkäse, gerieben

1/2 Tasse Quinoa und 1/2 Tasse Reis gemeinsam mit der doppelten Menge Wasser aufstellen und kochen lassen. Das Backrohr auf 180 °C Heißluft aufheizen.

Währenddessen das Gemüse in feine Scheiben oder Stückchen schneiden, die Karotten raspeln. Öl in einer Pfanne erhitzen, das Gemüse anbraten, anschließend mit etwas Weißwein ablöschen und mit wenig Hitze weich kochen lassen. Nach Bedarf mit Salz und Pfeffer würzen.

Das fertig gekochte Getreide mit dem Ei, etwas Salz und Curry oder Kurkuma vermischen. Anschließend Laibchen formen und mit geriebenem Schaf- oder Ziegenkäse bestreut ins Backrohr schieben. Wenn die Laibchen eine goldgelbe Farbe haben und etwas knusprig sind, die Temperatur herunterdrehen und die Laibchen im Backrohr warmstellen.

Abschließend werden die ganzen Pilze in dünne Scheiben geschnitten und zusammen mit der fein geschnittenen Zwiebel und Butter in einer Pfanne angebraten. Nun noch die klein gehackten Kräuter kurz mit anbraten und alles mit Obers ablöschen. Alles zusammen auf angewärmten Tellern und mit essbaren Blüten (wie z.B. Kapuzinerkresse) geschmückt servieren.

Judasohr (Chinesische Morchel)

Geschmacklich ist das Judasohr eher dezent, wird aber aufgrund seiner bissfesten Konsistenz gerne in Gerichten aller Art verwendet. Die chinesische Morchel eignet sich getrocknet und anschließend gemahlen hervorragend zum Eindicken von Suppen und Saucen. Der Pilz wird in der Traditionellen Chinesischen Medizin schon lange aufgrund seiner positiven Wirkung auf den Körper eingenommen.

Asiatische Suppe mit Judasohr und Chilischoten

Zutaten

- 150 g frische Judasohren
- 150 g Glasnudeln
- 2 Hühnerbrüste
- 4 Esslöffel Stärkemehl
- etwas Öl
- 3 Karotten (alternativ: Pak Choi oder Wurzelpetersilie)
- 1 Paprika

- 50 g Karfiol
- 1 cm großes Stück Ingwer
- 2 Knoblauchzehen
- 1 l Gemüsebrühe
- 1/2 Bund Zitronenverbene oder Maggikraut
- etwas Zitronensaft
- etwas Sojasauce
- Pfeffer
- 2 mittelscharfe zerkleinerte Chilischoten und 2 fein geschnittene Frühlingszwiebeln zum Servieren

Zum Würzen
- 1 Schuss Sojasauce
- 1 Teelöffel (vegetarisches) Dashi (japanisches Spezialgewürz)
- ca. 50 ml Obers oder Wasser

Die Glasnudeln werden je nach Anleitung für einige Minuten in warmes Wasser eingelegt.

Die Hühnerbrüste in mundgerechte Stücke schneiden und in Stärkemehl wälzen. Dazu das Stärkemehl in ein Frischhaltesackerl geben, das Fleisch dazugeben, die Öffnung schließen und den Beutel leicht schütteln – so verteilt sich das Mehl gleichmäßiger.

Öl im Wok erhitzen und das Hühnerfleisch kurz von allen Seiten anbraten.

Zum Würzen eine Mischung aus Sojasauce, Dashi und etwas Obers oder Wasser in einer Schüssel verrühren und über das Fleisch gießen (200 ml Flüssigkeit reichen). Das Fleisch anschließend beiseitestellen und erst später in die Suppe geben.

Das Gemüse und die Judasohren in mundgerechte Stücke schneiden und im gleichen Wok kurz anrösten. Ingwer und Knoblauch fein schneiden und etwas später ebenfalls hinzufügen. Anschließend mit der Gemüsebrühe aufgießen und alles zusammen einige Zeit auf kleiner Stufe köcheln lassen. Für eine frische Note sorgen Zitronenverbene oder 2 Stängel Maggikraut – diese werden mit der Brühe hinzugefügt und vor dem Servieren wieder entfernt. Das Fleisch und die abgeseihten Glasnudeln werden abschließend kurz in der Suppe aufgekocht. Nachwürzen kann man mit 1 Schuss Zitronensaft, Sojasauce und Pfeffer.

Serviert wird die Suppe mit klein geschnittenen Frühlingszwiebeln und frischen zerkleinerten Chilischoten.

Kulturträuschling (Braunkappe)

Der festfleischige Pilz ergibt schmackhafte Saucen und eignet sich auch zum Panieren. Die Kultivierung der Braunkappe hat sich vor allem in Europa etabliert. Mit geringem Arbeitsaufwand kann dieser leicht nussig schmeckende Pilz im Garten angebaut werden.

Kulturträuschlingsauce mit Serviettenknödeln

Zutaten
- 400 g Kulturträuschlinge
- 1 große Zwiebel, gehackt
- 2 Karotten, geraspelt
- 1/4 Sellerie, fein geschnitten
- Kräuter (Thymian, Basilikum und etwas Salbei)
- 100 ml Obers
- Salz, Pfeffer
- frisch geriebener Parmesan zum Servieren

Für die Serviettenknödel
- 1 Zwiebel
- 100 g Butter
- 250 g Semmeln vom Vortag
- 3 Eier (Eigelb und Eiklar trennen)
- 1/4 l lauwarme Milch
- Salz
- Muskatnuss, gerieben
- 1/2 Bund Petersilie, gehackt

Für die Serviettenknödel die Zwiebel hacken und in Butter glasig andünsten. Die leicht harten Semmeln in Würfe schneiden und gemeinsam mit Eigelb, lauwarmer Milch, gehackter Petersilie, Salz, Muskatnuss und Zwiebeln gut verrühren. Die Masse sollte unbedingt rasten (ca. 25 Minuten).

Getrocknete Shiitakes

Dann wird das Eiklar zu Schnee geschlagen und mit der Semmelwürfelmasse vermengt.

Die Masse wird nun auf einer Serviette verteilt und mit Schnüren zugebunden. In einem ausreichend großen Topf Wasser mit etwas Salz zum Kochen bringen. Die Serviettenknödel darin etwa 25–30 Minuten kochen lassen, anschließend aus dem heißen Wasser nehmen und mit kaltem Wasser abschrecken.

Während die Serviettenknödel kochen, werden die Braunkappen in Scheiben geschnitten und mit etwas Zwiebel, geraspelten Karotten, fein geschnittenen Selleriestückchen in einer Pfanne angebraten. Sind die Zutaten ausreichend durch, werden frische Kräuter klein geschnitten, beigemischt und alles mit Obers abgelöscht. Die Sauce abschließend mit Salz und Pfeffer abschmecken.

Die Serviettenknödel in etwa 1 cm dicke Scheiben schneiden und gemeinsam mit der Pilzsauce servieren. Frisch geriebener Parmesan über dem Gericht sorgt für das gewisse Etwas.

Herstellung von Pilzpulver und Verarbeitung von Heilpilzen

Pilze sind für den Menschen nicht nur Nahrungsmittel, sie sind auch für ihre heilende Wirkung bekannt. Seit vielen Jahrtausenden werden Pilze in der Medizin eingesetzt. In den vorherigen Kapiteln wurde auf die Kultivierung und Anwendung von Speise- bzw. Heilpilzen hingewiesen. Nun möchten wir noch auf einen praktischen Teil hinweisen – auf die Herstellung von Pilzpulver und Pilztee.

Die Tabelle beinhaltet nur ausgewählte Pilzarten, die selbst kultiviert oder in der Natur gesammelt werden können. Weitere Pilze mit gesundheitsfördernder Wirkung sind mit entsprechenden Informationen im Kapitel „Verwendung von Pilzen in der Medizin" (→ S. 108) angeführt, Bezugsquellen finden Sie im Anhang.

Trocknen von Shiitakes

Beim Trocknen von Shiitakes ist es wichtig, diese in dünne Streifen oder dickere Würfel zu schneiden und auf einem Backblech (mit Backpapier) bei ca. 50 °C Heißluft im Backofen zu trocknen. Die Klappe des Backofens sollte dabei leicht geöffnet

Mögliche Verarbeitungsarten von selbst gezüchteten oder gesammelten Pilzen		
Pilzart	**Kultivierungsform**	**Verarbeitungsmöglichkeiten**
Shiitake (*Lentinula edodes*)	Beimpfung auf Laubholz (Buche, Eiche, Birke)	• Speisepilz • Teezusatz • Pilzpulver • zum Trocknen geeignet
Stockschwämmchen (*Kuehneromyces mutabilis*)	Beimpfung auf Laubholz (Birke, Buche)	• Speisepilz • Würzpilz
Seitlinge (*Pleurotus*)	beimpfte Baumstämme (Buche, andere Laubhölzer, Stroh, Substratkultur	• Speisepilz
Reishi (*Ganoderma lucidum*)	• Holzsubstratkultur • Beimpfung auf Buchenstämmen	• Teezusatz • Extrakt • Pilzpulver
Mandelpilz (*Agaricus blazei Murrill*)	aufgewertetes Kompostsubstrat	• Speisepilz • Pilzpulver • zum Trocknen geeignet
Igelstachelbart (*Hericium erinaceus*)	• Substratkultur • Beimpfung auf Laubholz (Birke, Eiche)	• Speisepilz • Pilzpulver • Pilzextrakt
Judasohr (*Auricularia*)	• Beimpfung auf Laubholz (Holunder) • Wildsammlung (Buche, Holunder)	• Speisepilz • Pilzpulver
Birkenporling (*Piptoporus betulinus*)	Wildsammlung (nur auf Birken)	• Pilzpulver • Extrakt • Teezusatz

sein, dadurch kann die Feuchtigkeit entweichen – es reicht, einen Kochlöffel in den Spalt einzuklemmen. Eine andere Möglichkeit ist, die Pilze mit einem Dörrapparat zu trocknen.

Wenn die Shiitakes fertig getrocknet sind, lassen sie sich brechen. Man sollte sie zum Aufbewahren in ein verschließbares Glas geben, damit das Aroma erhalten bleibt. Wenn man die Pilze falsch lagert, nehmen sie Luftfeuchtigkeit auf und die Qualität leidet.

Wenn die getrockneten Shiitakes verkocht werden, kann man sie vorher in heißem Wasser 5 Minuten ziehen lassen. Eine andere Möglichkeit ist, die getrockneten und grob geschnittenen Shiitakestücke in Sojasauce mit etwas Wasser 15–20 Minuten ziehen zu lassen und später mit dem Sud zu verkochen.

Unser Tipp: Es schadet nicht, die Freilandkulturen bei längeren Regenphasen abzudecken, denn zu nasse Pilze eignen sich nur bedingt zum Trocknen.

Herstellung von Pilzsalz

Der Strunk des Shiitakes wird nicht zur Zubereitung von Speisen verwendet, da er sehr zäh ist. Er kann jedoch sehr gut getrocknet und in einer Mühle gemeinsam mit Salz vermahlen werden. Diese Pilz-Salz-Mischung kann viele Gerichte verfeinern und ist dabei auch noch gesund. Wichtig ist, dass die getrockneten Pilze gut zerkleinert werden.

Der Mandelpilz oder das Stockschwämmchen eignen sich ebenfalls als Würzpulver in Saucen oder als Pilzsalz.

Reishi-Tee

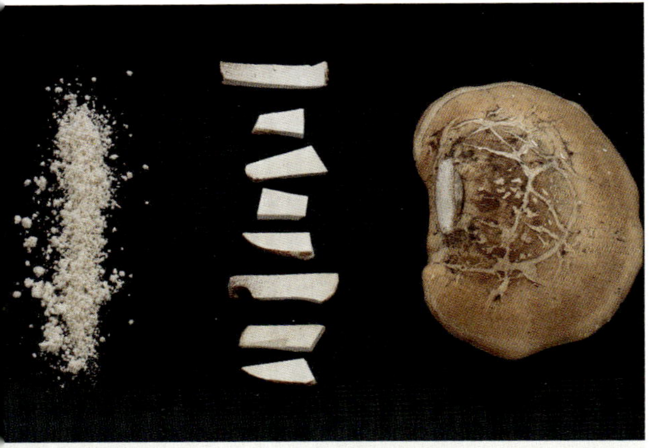

Birkenporling in unterschiedlichen Verarbeitungsstufen

Reishi zu Pilzpulver verarbeiten

Der Glänzende Lackporling besitzt einen sehr festen Fruchtkörper. Mit einem scharfen Messer kann man ihn in dünne Scheiben schneiden und etwas zerkleinern. Getrocknet wird wie beim Shiitake bei ca. 50 °C im Backofen oder mit einem Dörrapparat. Wichtig ist, dass die Pilzstücke wirklich gut getrocknet sind – wenn nicht, kann sich bei der Lagerung Schimmel bilden und die Kostbarkeit kann nicht verwendet werden. Für die Aufbewahrung der Pilzstücke eignet sich ein verschließbares Glas.

Wenn nun ein Tee aus dem Reishi zubereitet werden soll, werden die Pilzstücke mit einem Standmixer oder einer Gewürzmühle zermahlen. Je feiner der Reishi gemahlen wird, desto besser.

Ideal ist ein gehäufter Teelöffel des Pilzpulvers pro Tasse gemeinsam mit einem Kräutertee oder pur als Teeaufguss.

Pilztee aus getrocknetem Birkenporling

Wenn Birkenporlinge in der Natur gesammelt werden, sollten diese bitte mithilfe von Fachbüchern bestimmt werden. Der Birkenporling eignet sich ebenso wie der Reishi für einen Pilztee. Dazu wird der frisch gesammelte Birkenporling in dünne Scheiben geschnitten und schonend (bei 40–50 °C) im Backrohr mit Heißluft oder im Dörrapparat getrocknet.

Anschließend wird er in gut verschließbare Gläser gefüllt und erst bei Bedarf mit einer Kaffee- bzw. Gewürzmühle zu Pulver zermahlen.

Pro Tasse Tee werden 2 Teelöffel mit heißem Wasser übergossen und nach ca. 15 Minuten abgeseiht. Wenn der Geschmack zu bitter ist, kann das Pulver entweder mit Kräutertee gemischt werden oder man lässt den Pilztee etwas kürzer ziehen.

Frisch geerntete Shiitakes

Vermarktung von Biopilzen in kleinem Maßstab

Hat man schon genügend Erfahrung mit der Kultivierung von Pilzen gesammelt, bietet es sich an, eine Vermarktung von Frischpilzen in Erwägung zu ziehen. Gemeint ist hier nicht die kommerzielle Zucht von Speisepilzen im großen Maßstab, sondern die Produktion von Biopilzen als Ergänzung zum Gemüsesortiment.

Die Nachfrage an regionalen, qualitativ hochwertigen Produkten auf Bauernmärkten, in „Gemüsekistln" oder auch in Gastwirtschaften ist groß. Es kann mit relativ geringem Aufwand (in Bezug auf Kosten und Zeitaufwand) eine Pilzkultivierung gestartet werden. Für Bauern oder Gemüsegärtner bietet sich die Möglichkeit, je nach Saison frische Pilze auf den Markt mitzunehmen und so ihr Angebot zu erweitern.

Frischpilze aus Eigenproduktion: Porträt von Gasthaus Seidl in Wien

Ein interessantes Konzept zur Vermarktung von Pilzen präsentiert Herr Seidl. Er ist Betreiber eines Gasthauses im 3. Bezirk in Wien. Seit 1 1/2 Jahren produziert er Speisepilze im hauseigenen Keller. Dabei achtet er nicht nur auf qualitative Rohstoffe, sondern bietet seinen Gästen den Genuss von frisch verarbeiteten Pilzen wie Kräuterseitling, Pioppino, Austernseitling und Shiitake. Es wird immer mehr Wert auf Regionalität und nachhaltige Produktion von Lebensmitteln gelegt. Dieses Kultivierungsbeispiel zeigt, wie einfach es ist, dies in die Tat umzusetzen.

Der 2 Stockwerke unter dem Gasthaus liegende Keller wurde mit einem Belüftungssystem und einer Sprühanlage ausgestattet, um den Pilzen, die auf Substrat kultiviert werden, optimale Wachstumschancen zu geben. Der Gasthausbesitzer ist froh um die Erweiterung auf der Speisekarte,

Was braucht man nun, um die Vermarktung von Biopilzen zu verwirklichen?	
Standort	Es muss ein geeigneter Platz zur Verfügung stehen (schattiger Bereich im Garten, sauberer Keller, etc.)
Rohstoff (Holz, Stroh, Fertigsubstrat)	Verfügbarkeit von biologischen Rohstoffen aus nächster Nähe
Erfahrung	Die Kultivierungsform sollte an den Standort angepasst und mehrmals erprobt worden sein (das bedeutet: klein anfangen und mit wachsendem Know-how größer werden)
Pilzarten	Die gewählte Pilzart sollte auf die Bedürfnisse der Konsumenten abgestimmt werden
Kontakte	Kooperation mit Pilzzüchtern (falls das Substrat nicht selbst hergestellt wird)
Lagerung	Möglichkeit der kurzfristigen Lagerung (Kühlraum etc.)
Verkauf	Bauernmärkte, „Gemüsekistln", Gasthäuser, CSA-Kooperationen (Community Supported Agriculture), Direktvermarktung

denn auch bei den Kunden kommen die frischen Schwammerln gut an. Früher war er als Weinwirt bekannt, jetzt ist er schon mehr der Schwammerlwirt. Kann er nicht alle Pilze verkochen, verkauft er sie auch direkt an Pilzliebhaber aus der näheren Umgebung. Im Winter bleibt darüber hinaus Zeit, die Pilze zu konservieren, sie einzulegen, zu trocknen oder einzufrieren und später im Gasthaus zu vermarkten.

Herr Seidl ist begeistert von der Frische und Qualität der eigenen Pilze, für ihn sind die sonst im Handel erhältlichen Pilze nicht mit der eigenen Ware zu vergleichen. Die bereits beimpften Substrate bezieht er von Pilzzüchtern aus der Umgebung. Somit hält sich der Arbeitsaufwand ebenfalls in Grenzen. Die Hauptarbeit liegt beim Kontrollieren und Ernten der Pilze – auf sorgfältige Desinfektion der Räumlichkeiten ist besonders zu achten, da sich hier keine ungewollten Keime einschleichen dürfen.

Darüber hinaus freut sich Herr Seidl über die zusätzliche Werbung für sein Gasthaus und er will auch weiterhin seinem Ruf als „Schwammerlwirt" in Wien nachkommen.

Pilzkultivierung im Rahmen der Permakultur

In der Permakultur geht es darum, einen zukunftsfähigen Lebensstil zu pflegen und damit einen Beitrag zur eigenen Versorgung mit Lebensmitteln zu leisten. Sind auch oft die Flächen begrenzt, so gibt es zahlreiche einfache Möglichkeiten:

- am Fensterbrett oder am Balkon: Küchenkräuter, Salate und Gemüse in Töpfen, Containern und anderen Behältnissen ziehen
- sich an einem Gemeinschaftsgarten beteiligen
- sich an Foodcoops-Initiativen beteiligen (gemeinschaftlich werden regionale, biologische Lebensmittel organisiert und verteilt)
- CSA (Community Supported Agriculture: In Absprache mit Landwirten können Ernteanteile erworben werden)

Kernpunkt ist, dass man die Lebensmittelversorgung wieder zurück zu den Menschen bringt. Indem man den Lebensmittelanbau, die Veredelung und beispielsweise die Kooperationen zu stadtnahen Bauern herstellt, kann das Konzept der Regionalität und Qualität von Nahrungsmitteln wieder greifbar werden.

Austernseitling als Frühjahrsbote

Pilze in dieses System zu integrieren, ist naheliegend, da es zahlreiche Kultivierungsformen gibt, die an den jeweiligen Standort angepasst werden können.

In der Stadt lassen sich Pilze im Kellerabteil, im Hinterhof, am schattigen Balkon oder auf selbst hergestellten Substraten ziehen. Aufgelassene Stallungen können für die Pilzkultivierung adaptiert werden. Ein weiterer Punkt ist die nachhaltige Verwertung von Rohstoffen: Wird beispielsweise eine Erle aus einem Garten entfernt, kann sowohl der Baumstamm als auch die verbleibende Stubbe mit Pilzbrut beimpft werden. Das Holz wird somit nicht zur Energiegewinnung genutzt (mindere Holzqualität), sondern wird wieder in einen natürlichen Kreislauf eingebunden. Das vom Pilz zersetzte Holz kann schlussendlich kompostiert werden.

Permakultur bedeutet auch, mit dem geringsten Aufwand das bestmögliche Resultat zu erzielen. So werden „Abfälle" wieder zu Rohstoffen und unterbrochene Kreisläufe wieder geschlossen. *Unser Tipp: Mehr zum Thema Permakultur finden Sie im Buch „Die kleine Permakultur-Fibel" von Bernhard Gruber (www.permakultur.biz).*

Anhang

Bezugsquellen für Pilzbrut, fertig beimpfte Stämme, Fertigsubstrate und Heilpilze	
Österreich	**Deutschland**
• Pilzbrut und beimpfte Stämme: Waldviertler Pilzgarten – www.pilzgarten.at • Präparate, Substrate und Zimmergewächshäuser: Tyroler Glückspilze – www.gluckspilze.com • Substrate: Pilz-Kultur – www.pilz-kultur.at • Hawlik-Vitalpilze: www.hawlik-vitalpilze.de	• Substrate, Informationen und Präparate: Hawlik Vitalpilze: www.pilzshop.de • Informationen und kostenlose Beratung: Myko-Troph: www.heilenmitpilzen.de • Präparate: Heilpilzversand Berlin: www.heilpilze-berlin.de

Bezugsquellen für Materialien im Labor		
Themengebiet	**Utensilien bzw. Materialien**	**Bezugsquelle**
Vermehrungs-material	• Getreidebrut • Dübelbrut	• www.pilzgarten.at
	• Reinkultur • Sporenabdrücke • Fertigsubstrat • Spezialkulturen – Heilpilze	• www.pilz-kultur.at • www.gluckspilze.com • www.hawlik-vitalpilze.de
Nährmedien und Zusatzstoffe	• Biogetreide (Roggen, Hirse) • unbehandelte Laubholzdübel • Buchenholzspäne • Malzextrakt-Agar • Malzextrakt • Gips • Kalk	abhängig vom Mengenbedarf: • entweder im Agrarfachhandel bzw. Baumarkt (für Großmengen) oder im Lebensmittelhandel • www.gluckspilze.com • Laborfachhandel
Laborbedarf	• Desinfektionsmittel • Händedesinfektionsmittel • Alkohol • Skalpell bzw. Impföse • Spiritusbrenner oder Lötlampe • Autoklav-Beutel • Glasflaschen mit Filter • Filterscheiben • Glas-Petrischalen • Einweg-Petrischalen • Erlenmayerkolben • Waage (kg/g) • Messbecher • Silikonschlauch • Glove-Beutel	• Bezugsquelle für Pilzzucht-Laborbedarf in Österreich: • Drogerie-Fachhandel • www.gluckspilze.com (Innsbruck, Tirol) • www.vwr.at Natürlich findet sich auch einiges an Utensilien im Haushalt oder im nächsten Baumarkt
	• Filwatin-Watte	• Apotheke
	• Laminar Air Flow	• Laborfachhandel
	• Schweißgerät	• Fachhandel
	• Druckkochtopf	• Geschäft für Haushaltszubehör
	• Autoklav	• Laborfachhandel • gebrauchte Geräte auch im Internet zu finden

Weiterführende Literatur und Quellen

- Bertram, H. (2014): Birkenporling. www.passion-pilze-sammeln.com/birkenporling.html (21.10.2014)
- Engelbrecht, J. (2004): Pilzanbau in Haus und Garten. Stuttgart: Ulmer
- Gesellschaft für Vitalpilzkunde e.V. (Hrsg.) (2009): Vitalpilze: Naturheilkraft mit Tradition – neu entdecken. 1. Aufl., Augsburg: GfV.
- Haidvogl, W. (2014): Unsere Pilze. http://www.pilz-kultur.at/Die%20Seite/index.php/unsere-pilze (21.10.2014)
- Harris, B. (1986): Growing Shiitake Commercially:
  A practical manual for production of Japanese Forest Mushrooms. Wisconsin: Science Tech Inc
- Hawlik, W. (1985): Waldpilzzucht für jedermann: Erfolgsanleitung für den Anbau von Waldpilzen auf Stroh und Holz. 8. Aufl, München: Dr. Richter GmbH
- Hawlik, W.; B. (2014): Pilze züchten. http://www.pilzshop.de/pilze+zuechten/13/ac (21.10.2014)
- Krämer, N. (2014): Anleitung für den Anbau von Braunkappe und Austernpilz auf Stroh. http://www.shiitake.de/an_duebel/an_stroh/index.html (21.10.2014)
- Mushroom Research Centre Gmbh (o.J.): Pilzzucht für jedermann: Eine Einführung in die Welt der Pilzzucht. Innsbruck: MRCA
- Schmaus, F. (2009): Die Natur als Apotheke nutzen: Heilen mit Pilzen. 3. Aufl., Limeshain: MykoTroph
- Schmidt, W. (2009): Anbau von Speisepilzen: Kulturverfahren für den Haupt- und Nebenerwerb. Stuttgart: Ulmer
- Stamets, P. (2000): Growing Gourmet and Medicinal Mushrooms. 3.Aufl., New York: Ten Speed Press
- Stamets, P.; Chilton, J. (1983): The mushroom cultivator: a practical guide to growing mushrooms at home. Washington: Agarikon Press
- Svrcek, M. (1983): Dausien's großes Pilzbuch in Farbe. Prag: Werner Dausien Verlag
- Tyroler Glückspilze (2014): Mykorrhiza Pflanzendünger. https://gluckspilze.com/Mykorrhiza-Pflanzenduenger (21.10.2014)
- Tyroler Glückspilze (2014): Pilzanbau im Gewächshaus. https://gluckspilze.com/Pilzanbau-im-Gewaechshaus (21.10.2014)
- Urban, A.; Pla, T. (2014): Trüffel selbst züchten. http://www.trueffelgarten.at/ (21.10.2014)
- Wurth, M.; H. (2014): Waldviertler Pilzgarten. http://www.pilzgarten.at/ (21.10.2014)

Darüber hinaus waren die Gespräche mit Franz Seidl, Wirt des Gasthauses Seidl, und Walter Haidvogl, Drogist und Pilzzüchter, wichtig und hilfreich für das Entstehen einzelner Kapitel dieses Buches.

Glossar

kg	Kilogramm
g	Gramm
l	Liter
ml	Milliliter
m	Meter
cm	Zentimeter
mm	Millimeter
Eigelb	Eidotter
Eiklar	Eiweiß

Register

Danksagung

Danke an den Löwenzahn Verlag, der uns motiviert hat, dieses Praxishandbuch zu schreiben. Durch ihn ist es uns ermöglicht worden, unsere Erfahrungen mit allen zu teilen, die sich näher mit dem biologischen Anbau von Pilzen beschäftigen wollen.
Danke an alle, die zum Entstehen dieses Buches beigetragen haben: Anita Winkler und Petra Möderle für die kompetente und herzliche Betreuung sowie der Grafikerin Judith Eberharter.

Wir möchten uns bei allen Menschen für die große Unterstützung bedanken, die uns und diesem Buch zugutegekommen ist.

Dank gilt unserer Familie und unseren Freunden.

Nicht zuletzt bedanken wir uns für die vielen wunderbaren Bilder, die durch Moritz Wildenauer, Benedikt Wurth, Rosa-Maria Binder und Anna Folie entstanden sind.

Und schließlich möchten wir uns für die wunderbare Natur, die uns so vieles schenkt und die so vieles gedeihen lässt, bedanken.